浄土真宗本願寺派

僧侶教本B

念仏者の生き方

『念仏者の生き方』

　仏教は今から約2500年前、<ruby>釈尊<rt>しゃくそん</rt></ruby>がさとりを開いて<ruby>仏陀<rt>ぶっだ</rt></ruby>となられたことに始まります。わが国では、仏教はもともと<ruby>仏法<rt>ぶっぽう</rt></ruby>と呼ばれていました。ここでいう法とは、この世界と私たち人間のありのままの真実ということであり、これは時間と場所を超えた普遍的な真実です。そして、この真実を見抜き、目覚めた人を仏陀といい、私たちに苦悩を超えて生きていく道を教えてくれるのが仏教です。

　仏教では、この世界と私たちのありのままの姿を「<ruby>諸行無常<rt>しょぎょうむじょう</rt></ruby>」と「<ruby>縁起<rt>えんぎ</rt></ruby>」という言葉で表します。「諸行無常」とは、この世界のすべての物事は一瞬もとどまることなく移り変わっているということであり、「縁起」とは、その一瞬ごとにすべての物事は、原因や条件が互いに関わりあって存在しているという真実です。したがって、そのような世界のあり方の中には、固定した変化しない私というものは存在しません。

　しかし、私たちはこのありのままの真実に気づかず、自分というものを固定した実体と考え、欲望の赴くままに自分にとって損か得か、好きか嫌いかなど、常に自己中心の心で物事を捉えています。その結果、自分の思い通りにならないことで悩み苦しんだり、争いを起こしたりして、苦悩の人生から一歩たりとも自由になれないのです。このように真実に背いた自己中心性を仏教では<ruby>無明煩悩<rt>むみょうぼんのう</rt></ruby>といい、この煩悩が私たちを迷いの世界に繋ぎ止める原因となるのです。なかでも代表的な煩悩は、むさぼり・いかり・おろかさの三つで、これを<ruby>三毒<rt>さんどく</rt></ruby>の煩悩といいます。

　<ruby>親鸞聖人<rt>しんらんしょうにん</rt></ruby>も煩悩を克服し、さとりを得るために<ruby>比叡山<rt>ひえいざん</rt></ruby>で20年にわたりご修行に励まれました。しかし、どれほど修行に励もうとも、自らの力では断ち切れない煩悩の深さを自覚され、ついに比叡山を<ruby>下<rt>お</rt></ruby>り、<ruby>法然<rt>ほうねん</rt></ruby>聖人のお導きによって<ruby>阿弥陀如来<rt>あみだにょらい</rt></ruby>の救いのはたらきに<ruby>出遇<rt>であ</rt></ruby>われました。阿弥陀如来とは、悩み苦しむすべてのものをそのまま救い、さとりの世界へ導こうと願われ、その願い通りにはたらき続けてくださっている仏さまです。この願いを、<ruby>本願<rt>ほんがん</rt></ruby>といいます。<ruby>我執<rt>がしゅう</rt></ruby>、<ruby>我欲<rt>がよく</rt></ruby>の世界に迷い込み、そこから抜け出せない私を、そのままの姿で救うとはたらき続けていてくださる阿弥陀如来のご本願ほど、有り難いお<ruby>慈悲<rt>じひ</rt></ruby>はありません。しかし、今ここでの救いの中にありなが

らも、そのお慈悲ひとすじにお任せできない、よろこべない私の愚かさ、煩悩の深さに悲嘆せざるをえません。

　私たちは阿弥陀如来のご本願を聞かせていただくことで、自分本位にしか生きられない無明の存在であることに気づかされ、できる限り身を慎み、言葉を慎んで、少しずつでも煩悩を克服する生き方へとつくり変えられていくのです。それは例えば、自分自身のあり方としては、欲を少なくして足ることを知る「少欲知足」であり、他者に対しては、穏やかな顔と優しい言葉で接する「和顔愛語」という生き方です。たとえ、それらが仏さまの真似事といわれようとも、ありのままの真実に教え導かれて、そのように志して生きる人間に育てられるのです。このことを親鸞聖人は門弟に宛てたお手紙で、「（あなた方は）今、すべての人びとを救おうという阿弥陀如来のご本願のお心をお聞きし、愚かなる無明の酔いも次第にさめ、むさぼり・いかり・おろかさという三つの毒も少しずつ好まぬようになり、阿弥陀仏の薬をつねに好む身となっておられるのです」とお示しになられています。たいへん重いご教示です。

　今日、世界にはテロや武力紛争、経済格差、地球温暖化、核物質の拡散、差別を含む人権の抑圧など、世界規模での人類の生存に関わる困難な問題が山積していますが、これらの原因の根本は、ありのままの真実に背いて生きる私たちの無明煩悩にあります。もちろん、私たちはこの命を終える瞬間まで、我欲に執われた煩悩具足の愚かな存在であり、仏さまのような執われのない完全に清らかな行いはできません。しかし、それでも仏法を依りどころとして生きていくことで、私たちは他者の喜びを自らの喜びとし、他者の苦しみを自らの苦しみとするなど、少しでも仏さまのお心にかなう生き方を目指し、精一杯努力させていただく人間になるのです。

　国の内外、あらゆる人びとに阿弥陀如来の智慧と慈悲を正しく、わかりやすく伝え、そのお心にかなうよう私たち一人ひとりが行動することにより、自他ともに心豊かに生きていくことのできる社会の実現に努めたいと思います。世界の幸せのため、実践運動の推進を通し、ともに確かな歩みを進めてまいりましょう。

　2016（平成28）年10月1日

　　　　　　　　　　　　　浄土真宗本願寺派門主　大　谷　光　淳

私たちのちかい

「私たちのちかい」についての親教

　私は伝灯奉告法要の初日に「念仏者の生き方」と題して、大智大悲からなる阿弥陀如来のお心をいただいた私たちが、この現実社会でどのように生きていくのかということについて、詳しく述べさせていただきました。このたび「念仏者の生き方」を皆様により親しみ、理解していただきたいという思いから、その肝要を「私たちのちかい」として次の四ヵ条にまとめました。

私たちのちかい

　一、自分の殻に閉じこもることなく
　　　穏やかな顔と優しい言葉を大切にします
　　　微笑み語りかける仏さまのように

　一、むさぼり、いかり、おろかさに流されず
　　　しなやかな心と振る舞いを心がけます
　　　心安らかな仏さまのように

　一、自分だけを大事にすることなく
　　　人と喜びや悲しみを分かち合います
　　　慈悲に満ちみちた仏さまのように

　一、生かされていることに気づき
　　　日々に精一杯つとめます
　　　人びとの救いに尽くす仏さまのように

この「私たちのちかい」は、特に若い人の宗教離れが盛んに言われており
ます今日、中学生や高校生、大学生をはじめとして、これまで仏教や浄土真
宗のみ教えにあまり親しみのなかった方々にも、さまざまな機会で唱和して
いただきたいと思っております。そして、先人の方々が大切に受け継いでこ
られた浄土真宗のみ教えを、これからも広く伝えていくことが後に続く私た
ちの使命であることを心に刻み、お念仏申す道を歩んでまいりましょう。

　2018（平成30）年11月23日

浄土真宗本願寺派門主　大 谷 光 淳

浄土真宗のみ教え

「浄土真宗のみ教え」についてのご親教

　本年も、皆さまと共に立教開宗記念法要のご勝縁に遇わせていただきました。立教開宗とは親鸞聖人が『教行信証』を著して他力の念仏を体系的にお示しになり、浄土真宗のみ教えを確立されたことをいいます。この法要をご縁として、私たちに浄土真宗のみ教えが伝わっていることをあらためて味わわせていただきましょう。

　さて、仏教を説かれたお釈迦さまは、諸行無常や諸法無我という言葉でこの世界のありのままの真実を明らかにされました。この真実を身をもって受け入れることのできない私たちは、日々「苦しみ」を感じて生きていますが、その代表的なものが「生老病死」の「四苦」であるとお釈迦さまは表されました。むさぼり・いかり・おろかさなどの煩悩を抱えた私たちは、いのち終わるその瞬間まで、苦しみから逃れることはできません。

　このように真実をありのままに受け入れられない私たちのことを、親鸞聖人は「煩悩具足の凡夫」と言われました。そして、阿弥陀如来は煩悩の闇に沈む私たちをそのままに救い取りたいと願われ、そのお慈悲のお心を「南無阿弥陀仏」のお念仏に込めてはたらき続けてくださっています。ご和讃に「罪業もとよりかたちなし　妄想顛倒のなせるなり」「煩悩・菩提体無二」とありますように、人間の分別がはたらき出す前のありのままの真実に基づく如来のお慈悲ですから、いのちあるものすべてに平等にそそがれ、誰一人として見捨てられることなく、そのままの姿で摂め取ってくださいます。

　親鸞聖人は「念仏成仏これ真宗」（『浄土和讃』）、「信は願より生ずれば念仏成仏自然なり　自然はすなはち報土なり　証大涅槃うたがはず」（『高僧和讃』）とお示しになっています。浄土真宗とは、「われにまかせよ　そのまま救う」という「南無阿弥陀仏」に込められた阿弥陀如来のご本願のお心を疑いなく受け入れる信心ただ一つで、「自然の浄土」（『高僧和讃』）でかたちを超えたこの上ないさとりを開いて仏に成るというみ教えです。

　阿弥陀如来に願われたいのちと知らされ、その温かなお慈悲に触れる時、大きな安心とともに生きていく力が与えられ、人と喜びや悲しみを分かち合い、お互いに敬い支え合う世界が開かれてきます。如来のお慈悲に救われていく安心と喜びのうえから、仏恩報謝の道を歩まれたのが親鸞聖人でした。私たちも聖人の生き方に学び、次の世代の方々にご法義がわかりやすく伝わるよう、ここにその肝要を「浄土真宗のみ教え」として味わいたいと思います。

浄土真宗のみ教え

南無阿弥陀仏
（な　も　あ　み　だ　ぶつ）

「われにまかせよ　そのまま救う」の　弥陀のよび声
（すく）　　　　　　（みだ）　（ごえ）

私の煩悩と仏のさとりは　本来一つゆえ
（わたし）（ぼんのう）（ほとけ）　　　（ほんらいひと）

「そのまま救う」が　弥陀のよび声
（すく）　　　（みだ）　（ごえ）

ありがとう　といただいて
この愚身をまかす　このままで
（み）

救い取られる　自然の浄土
（すく）（と）　　　（じねん）（じょうど）

仏恩報謝の　お念仏
（ぶっとんほうしゃ）　（ねんぶつ）

み教えを依りどころに生きる者　となり
（おし）　（よ）　　　　（い）　（もの）

少しずつ　執われの心を　離れます
（すこ）　　（とら）　（こころ）　（はな）

生かされていることに　感謝して
（い）　　　　　　　（かんしゃ）

むさぼり　いかりに　流されず
（なが）

穏やかな顔と　優しい言葉
（おだ）　　（かお）　（やさ）　（ことば）

喜びも　悲しみも　分かち合い
（よろこ）　（かな）　　（わ）　（あ）

日々に　精一杯　つとめます
（ひ　び）　（せいいっぱい）

　来る2023（令和5）年には親鸞聖人御誕生850年・立教開宗800年慶讃法要をお迎えいたします。聖人が御誕生され、浄土真宗のみ教えを私たちに説き示してくださったことに感謝して、この「浄土真宗のみ教え」を共に唱和し、共につとめ、み教えが広く伝わるようお念仏申す人生を歩ませていただきましょう。なお、2018（平成30）年の秋の法要（全国門徒総追悼法要）の親教において述べました「私たちのちかい」は、中学生や高校生、大学生をはじめとして、これまで仏教や浄土真宗にあまり親しみのなかった方々にも、さまざまな機会で引き続き唱和していただき、み教えにつながっていくご縁にしていただきたいと願っております。

2021（令和3）年4月15日

浄土真宗本願寺派門主　　大谷光淳

新しい「領解文」（浄土真宗のみ教え）

新しい「領解文」（浄土真宗のみ教え）についての消息

　本年三月には、「親鸞聖人御誕生八百五十年・立教開宗八百年慶讃法要」という記念すべきご勝縁をお迎えいたします。このたびの慶讃法要は、親鸞聖人の立教開宗のご恩に深く感謝し、同じお念仏の道を歩む者同士が、あらためて同信の喜びを分かち合うためのご法要です。また、これを機縁として、特に若い人やこれまで仏教や浄土真宗に親しみのなかった人など、一人でも多くの方々に浄土真宗とのご縁を結んでいただきたいと思います。

　伝道教団を標榜する私たちにとって、真実信心を正しく、わかりやすく伝えることが大切であることは申すまでもありませんが、そのためには時代状況や人々の意識に応じた伝道方法を工夫し、伝わるものにしていかなければなりません。このような願いをこめ、令和三年・二〇二一年の立教開宗記念法要において、親鸞聖人の生き方に学び、次の世代の方々にご法義がわかりやすく伝わるよう、その肝要を「浄土真宗のみ教え」として示し、ともに唱和していただきたい旨を申し述べました。

　浄土真宗では蓮如上人の時代から、自身のご法義の受けとめを表出するために『領解文』が用いられてきました。そこには「信心正因・称名報恩」などご法義の肝要が、当時の一般の人々にも理解できるよう簡潔に、また平易な言葉で記されており、領解出言の果たす役割は、今日でも決して小さくありません。

　しかしながら、時代の推移とともに、『領解文』の理解における平易さという面が、徐々に希薄になってきたことも否めません。したがって、これから先、この『領解文』の精神を受け継ぎつつ、念仏者として領解すべきことを正しく、わかりやすい言葉で表現し、またこれを拝読、唱和することでご法義の肝要が正確に伝わるような、いわゆる現代版の「領解文」というべきものが必要になってきます。そこでこのたび、「浄土真宗のみ教え」に師徳への感謝の念を加え、ここに新しい「領解文」（浄土真宗のみ教え）として示します。

新しい「領解文」（浄土真宗のみ教え）

南無阿弥陀仏

「われにまかせよ　そのまま救う」の　弥陀のよび声

私の煩悩と仏のさとりは　本来一つゆえ

「そのまま救う」が　弥陀のよび声

ありがとう　といただいて

この愚身をまかす　このままで

救い取られる　自然の浄土

仏恩報謝の　お念仏

これもひとえに

宗祖親鸞聖人と

法灯を伝承された　歴代宗主の

尊いお導きに　よるものです

み教えを依りどころに生きる者　となり

少しずつ　執われの心を　離れます

生かされていることに　感謝して

むさぼり　いかりに　流されず

穏やかな顔と　優しい言葉

喜びも　悲しみも　分かち合い

日々に　精一杯　つとめます

　この新しい「領解文」（浄土真宗のみ教え）を僧俗を問わず多くの方々に、さまざまな機会で拝読、唱和いただき、み教えの肝要が広く、また次の世代に確実に伝わることを切に願っております。

令和五年
二〇二三年　一月十六日　　　　　　　龍谷門主　釋専如

浄土真宗本願寺派宗制

〔 昭和21年9月11日発布 〕
〔 昭和22年4月1日施行 〕

改正　第1回全文改正　平19・11・28（第284回臨時宗会議決）

　本宗門の宗祖親鸞聖人は、『顕浄土真実教行証文類』を著し、龍樹、天親、曇鸞、道綽、善導、源信、源空の七高僧の釈義を承け、『仏説無量寿経』の本義を開顕して、本願名号の真実の教えを明らかにされた。これが浄土真宗の立教開宗である。

　本宗門は、その教えによって、本願名号を聞信し念仏する人々の同朋教団であり、あらゆる人々に阿弥陀如来の智慧と慈悲を伝え、もって自他共に心豊かに生きることのできる社会の実現に貢献するものである。

　　　第1章　本尊

　本宗門の本尊は、阿弥陀如来（南無阿弥陀仏）一仏である。

　教法弘通の恩徳を報謝するため、宗祖、七高僧、聖徳太子及び歴代宗主の影像を安置する。

　　　第2章　聖教

　本宗門の正依の聖教は、次のとおりとする。
一　浄土三部経
　　　仏説無量寿経　　　　康僧鎧訳
　　　仏説観無量寿経　　　畺良耶舎訳
　　　仏説阿弥陀経　　　　鳩摩羅什訳
二　七高僧の撰述

十住毘婆沙論　　　　龍樹造　　　　鳩摩羅什訳

浄土論　　　　　　　天親造　　　　菩提流支訳
　　（無量寿経優婆提舎願生偈）

往生論註　　　　　　曇鸞撰
　　（無量寿経優婆提舎願生偈註）

讃阿弥陀仏偈　　　　曇鸞撰

安楽集　　　　　　　道綽撰

観経疏　　　　　　　善導撰
　　　　観経玄義分
　　　　観経序分義
　　　　観経定善義
　　　　観経散善義

法事讃　　　　　　　善導撰
　　（上巻首題　：　転経行道願往生浄土法事讃、
　　　上巻尾題　：　西方浄土法事讃、
　　　下巻首尾　：　安楽行道転経願生浄土法事讃）

観念法門　　　　　　善導撰
　　（首題　：　観念阿弥陀仏相海三昧功徳法門、
　　　尾題　：　観念阿弥陀仏相海三昧功徳法門経）

往生礼讃　　　　　　善導撰
　　（首尾　：　往生礼讃偈）

般舟讃　　　　　　　善導撰
　　（首題　：　依観経等明般舟三昧行道往生讃、
　　　尾題　：　般舟三昧行道往生讃）

往生要集　　　　　　源信撰

選択集　　　　　　　源空撰
　　（選択本願念仏集）

三　宗祖の撰述
　　顕浄土真実教行証文類
　　浄土文類聚鈔
　　愚禿鈔
　　入出二門偈頌
　　浄土和讃

高僧和讃
正像末和讃
浄土三経往生文類
尊号真像銘文
一念多念文意
唯信鈔文意
如来二種回向文
弥陀如来名号徳
御消息、その他の撰述及び文書

　上記のほか、宗祖の教えを伝承し、その意義を明らかにされた第3代宗主覚如の撰述及び第8代宗主蓮如の『御文章』等、並びに宗祖や第8代宗主蓮如が信心の鑑として敬重された典籍は聖教に準ずる。

第3章　教義

　浄土真宗の教義の大綱は『顕浄土真実教行証文類』に顕示された本願力による往相・還相の二種の回向と、その往相の因果である教・行・信・証の四法である。

　教とは『仏説無量寿経』、行とは南無阿弥陀仏、信とは無疑の信心、証とは滅度である。真実の教である『仏説無量寿経』に説き示された南無阿弥陀仏の名号を疑いなく聞く信心によって、現生には正定聚に住し、当来には阿弥陀如来のさとりそのものの世界である浄土に往生して滅度の仏果を証する。

　信心は、阿弥陀如来の大智大悲の徳を具えた名号をいただくことであるから、往生の正因となる。信心決定の上は、報恩感謝の思いから、仏徳を讃嘆する称名念仏を相続する。これを信心正因、称名報恩というのである。

　教・行・信・証の四法は、衆生が浄土に往生する相であるから、これを往相という。浄土に往生して仏果を得れば、おのずから大悲を起こし、生死の世界に還り来って自在に衆生を済度するのであり、これを還相という。往相も還相も、ともに本願力回向の利益である。これが自力心を否定した他力の救いであり、すべての衆生が、無上涅槃を証ることのできる誓願一仏乗の大道である。

第4章　歴史

　親鸞聖人は承安3年に誕生し、9歳で出家の後、比叡山で学問修行に励

み、29歳で師源空の導きによって雑行をすて本願に帰依された。35歳で越後に流罪となった後、恵信と共に関東に移って念仏の教えを弘め、晩年は京都で著述に力を注ぎ、弘長2年に90歳で往生された。

聖人の滅後、その息女覚信は、聖人の遺弟たちと共に、京都東山大谷に廟堂を建て、聖人の遺骨と影像を安置した。やがてこの廟堂が本願寺となり、宗門の礎が築かれていく。

爾来、本願寺は諸国門徒の帰向の中心となり、さらに宗門の本山として崇敬されるに至った。宗門の伝灯は、宗祖の孫である第2代宗主如信から第3代宗主覚如に受け継がれ、以降宗祖の子孫を宗主として次第相承されてきた。

第8代宗主蓮如の時に教線が拡大され、第11代宗主顕如の時には本願寺の寺基が京都堀川六条に定められて現在に至っている。今日、その教線は世界の各地にひろがった。このように宗門は多くの人々の懇念によって支えられ、法灯を伝承された歴代宗主のもと、念仏の法が受け継がれているのである。

第5章　宗範

本宗門に集う人々は、親鸞聖人の行跡を慕い、常に阿弥陀如来の本願を依りどころとする念仏の生活にいそしんで仏恩報謝に努め、現世祈祷を必要としない無碍の一道を歩むのである。

第6章　補則

本宗制の変更は、あらかじめ勧学寮の同意を経て、宗会議員の定数の4分の3以上が出席した宗会において、出席議員の4分の3以上の多数で議決しなければならない。

本宗制の変更は、宗門全般に公示し、その公示の日から2か月以内に宗門投票を行う決定がされた場合を除き、総長は、直ちに発布の手続をしなければならない。

本宗制の施行に必要な事項は、宗則で定める。

　附　則

本宗制は、昭和22年4月1日から、これを施行する。

本宗制の改正に関する事項は、宗法に規定する。

　附　則（第1回全文改正の附則）

本宗制変更は、平成20年4月1日から施行する。

浄土真宗の教章（私の歩む道）

宗　名　浄土真宗

宗　祖　親鸞聖人
（ご開山）　ご誕生　1173年5月21日
　　　　　　　　（承安3年4月1日）
　　　　　　ご往生　1263年1月16日
　　　　　　　　（弘長2年11月28日）

宗　派　浄土真宗 本願寺派

本　山　龍谷山　本願寺（西本願寺）

本　尊　阿弥陀如来（南無阿弥陀仏）

聖　典
・釈迦如来が説かれた「浄土三部経」
　　『仏説無量寿経』『仏説観無量寿経』『仏説阿弥陀経』
・宗祖　親鸞聖人が著述された主な聖教
　　『正信念仏偈』（『教行信証』行巻末の偈文）
　　『浄土和讃』『高僧和讃』『正像末和讃』
・中興の祖　蓮如上人のお手紙
　　『御文章』

教　義　阿弥陀如来の本願力によって信心をめぐまれ、念仏を申す人生を歩み、この世の縁が尽きるとき浄土に生まれて仏となり、迷いの世に還って人々を教化する。

生　活　親鸞聖人の教えにみちびかれて、阿弥陀如来のみ心を聞き、念仏を称えつつ、つねにわが身をふりかえり、慚愧と歓喜のうちに、現世祈祷などにたよることなく、御恩報謝の生活を送る。

宗門　　この宗門は、親鸞聖人の教えを仰ぎ、念仏を申す人々の集う同朋教団であり、人々に阿弥陀如来の智慧と慈悲を伝える教団である。それによって、自他ともに心豊かに生きることのできる社会の実現に貢献する。

目　次

仏 教 史

宗教概説

勤式作法実演

法話実演

凡　例

1．本文に引用した『浄土真宗聖典―註釈版第二版―』（本願寺出版社）についての該当ページは、「（→註、〇〇頁）」と表記した。

　　なお、『浄土真宗聖典　七祖篇―註釈版―』については、「（→註七、〇〇頁）」と、『浄土真宗本願寺派　僧侶教本Ａ』については「（→Ａ、〇〇頁）」と表記した。

2．本文中のページ表記「（→〇〇頁）」について、特に書名表記がない場合は本書のページ数を示した。

　　（例）（→〇〇頁）

3．漢字の読みについては原則として、『浄土真宗聖典―註釈版第二版―』（本願寺出版社）に従った。

4．本文における「七祖聖教」の標記は、「浄土真宗本願寺派宗制」に従った。その他の聖教については以下のように表記した。

　　『仏説無量寿経』　　　　→　『大経』
　　『仏説観無量寿経』　　　→　『観経』
　　『仏説阿弥陀経』　　　　→　『小経』
　　『顕浄土真実教行証文類』　→　『教行信証』
　　「正信念仏偈」　　　　　→　「正信偈」

5．本文中の年齢は、歴史的な表記に従った。

6．本文中のイラストは、本願寺で用いる仏具を参照した。

はじめに

　この教本は、以下の研修目標を達成するための一助として執筆編纂されています。

　①仏祖に対して常に敬いの心を持ち、確かな作法に基づいた法要儀式を
　　執行できるものとする。
　②門信徒及び有縁の人びとに伝わる伝道布教に努めるものとする。
　③寺院の護持運営に積極的に協力し、み教えを広く届けられるものとする。
　④教師として必要な知識・技能（真宗・仏教教義、勤式、布教法など）を
　　修得できるものとする。

法要儀式の執行

　得度習礼では、基本的な作法やお勤めについて身に付けていただきました。教師資格を取得すれば、正しい作法、正しいお勤めが求められることはもちろんのこと、その一つひとつに仏祖に対する敬いの心があらわれるものでなければなりません。また、それだけにとどまらず、法要の意義や御文の内容についても理解した上でお勤めし、門信徒に説明できるような知識が必要となります。

伝わる伝道

　「親鸞聖人御誕生850年・立教開宗800年慶讃法要」の趣意付帯事項には次のように示されています。

　　真実信心を正しく、わかりやすく、ありがたく伝えることが伝道の基本であり、儀礼や音楽の有効性を踏まえたうえで、伝道教団であるからにはやはり「言葉」は大切です。ご法義そのものは時代を超えるものですが、時代の状況や人びとの意識に応じた伝道の方法は工夫されるべき

です。近年、指摘されているように「伝える伝道」から「伝わる伝道」へと本質的に転換していく必要があります。

教師として門信徒及び有縁の人びとに伝わる伝道布教に努めましょう。

寺院の護持運営

寺院を取り巻く環境が激変するこれからの時代の住職には、「寺院運営の力」が強く求められます。門信徒の次世代が寺院との関係を持つことが期待できにくくなってきている今、寺院にご縁のない方々と新たにご縁を結んでいくことも必要となります。

必要な知識・技能を習得する

教師をめざす方々は、教師教修所に入所するまでに十分な学びを深めておく必要があります。教師として必要な知識・技能を修得するために、この教本を活用してください。

※1　この教本は、必要に応じて記入できるよう左右に「memo」欄を用意しました。学習した内容を記入するなどして活用しましょう。

※2　この教本は、生涯学習に利用できるように作成されています。『浄土真宗本願寺派　僧侶教本Ａ』と併せてご活用ください。

※3　「宗門法規」については『浄土真宗本願寺派　宗門基本法規集』を使用いたしますので、この教本には掲載していません。

必読書

『令和版　仏の教え』

　　　著者　　大谷光淳

　　　発行　　（株）幻冬舎

『ありのままに、ひたむきに　不安な今を生きる』

　　　著者　　大谷光淳

　　　発行　　（株）ＰＨＰ研究所

『人生は価値ある一瞬』

　　　著者　　大谷光真

　　　発行　　（株）ＰＨＰ研究所

『伝灯奉告法要ご親教　「念仏者の生き方」に学ぶ』

　　　編集　　浄土真宗本願寺派総合研究所

　　　発行　　本願寺出版社

『「私たちのちかい」の味わい』

　　　著者　　釈　徹宗

　　　発行　　本願寺出版社

『「浄土真宗のみ教え」をいただく』

　　　編集　　浄土真宗本願寺派総合研究所

　　　発行　　本願寺出版社

『浄土真宗本願寺派　僧侶教本Ａ』

　　　著者　　僧侶養成部／浄土真宗本願寺派総合研究所

　　　発行　　本願寺出版社

『拝読　浄土真宗のみ教え（改訂版）』

　　　　編集　　本願寺出版社

　　　　発行　　本願寺出版社

『拝読　浄土真宗のみ教え（改訂版 布教読本）』

　　　　著者　　浄土真宗本願寺派総合研究所

　　　　発行　　本願寺出版社

『浄土真宗　必携〜み教えと歩む〜』

　　　　編集　　浄土真宗必携編集委員会

　　　　発行　　本願寺出版社

『新しい「領解文」（浄土真宗のみ教え）ご消息と解説』

　　　　編集　　本願寺出版社

　　　　発行　　本願寺出版社

※参考文献については、150頁に記載しています。

真宗教義

memo

浄土三部経の異訳

　仏教経典には、数多くのなかから三つを選び、重要視して「法華の三部」「大日の三部」などのように、「三部経」や「三経」と称する例があります。

そう ぎ
曹魏　　　　康僧鎧 訳　　　　『仏説無量寿経』
りゅうそう　　　　きょうりょうやしゃ
劉宋　　　　畺 良耶舎 訳　　　『仏説観無量寿経』
よう しん　　　く ま らじゅう
姚秦　　　　鳩摩羅什 訳　　　『仏説阿弥陀経』

　この三つの経典を「浄土三部経」とする呼称は、源空聖人の『選択集』（→註七、1187頁）に示されたところによります。

　経典は、インドや西域から中国に将来されて翻訳されましたが、必ずしも一つの原典から一つの翻訳ではなく、時代や訳者をかえて数度、翻訳がなされました。『無量寿経』と『阿弥陀経』には異訳経典が現存しています（以下、それぞれの同一経典群を〈無量寿経〉〈阿弥陀経〉と表記）。まず、〈無量寿経〉は古来より五存七欠の十二訳があったとされています。異説はありますが、一般にいわれる翻訳者を合わせて示せば、現存する五つとは以下の通りです。

『大阿弥陀経』　　　呉　　　　支謙 訳
　　　　　　　　　　　　　　しけん
『平等覚経』　　　　後漢　　　支婁迦讖 訳
　　　　　　　　　　　　　しるかせん
『無量寿経』　　　　曹魏　　　康僧鎧 訳
『無量寿如来会』　　唐　　　　菩提流志 訳
　　　　　　　　　　　　　ぼだいるし
『荘厳経』　　　　　宋　　　　法賢 訳
　　　　　　　　　　　　　ほっけん

　これらは、翻訳された時代から呉訳、漢訳、魏訳、唐訳、宋訳と称します。なかでも親鸞聖人が「正依の大経」とされたのは魏訳の『無量寿経』です。よって、その他を総称して「異訳大経」ともいいますが、内容についても、願文の数や分量の増減など、それぞれ異なる点があります。

　次に、『観無量寿経』は畺良耶舎訳のみが現存し、異訳が一つあったともいわれますが、詳細はわかっていません。

　最後に、〈阿弥陀経〉は二存一欠といわれ、現存しているのは、鳩摩羅什が翻訳した『阿弥陀経』の他に、唐の玄奘が翻訳した『称讃浄土経』です。

『大経』(『仏説無量寿経』)の組織

　『大経』上巻では、序分(→6頁)に王舎城の耆闍崛山(霊鷲山)に参集した一万二千の比丘・菩薩に対して、釈尊が五徳瑞現の相をあらわし、如来が世に出現されるのは、苦悩の衆生に真実の利益を与えて救うためであると説かれています。(→A、44頁)

　次に正宗分(→6頁)では、まず法蔵菩薩が発願修行して阿弥陀如来となられた仏願の始終が説かれます。

　はじめに、「讃仏偈」で、師である世自在王仏を讃えます。つづいて五劫思惟し四十八願を建てられます。(→A、60頁)次に、「重誓偈」で四十八願の要点を重ねて誓い、兆載永劫にわたる長い修行をつづけられます。そしてついに願と行とを成就されて西方に極楽浄土を建立し、阿弥陀如来となられたことがあかされています。それは今から十劫の昔のことであるといい、続けて阿弥陀如来の徳と浄土のありさまが示されるので

す。

　下巻に入ると、第十一・第十七・第十八願の三つの願の成就が説かれますが、その中心は第十八願にあります。ここでは、法蔵菩薩の願が間違いなく成就し、衆生は、諸仏にほめたたえられる名号を聞信する一念に往生が定まり、必ず浄土に生まれて仏になることが述べられています。そして、「往覲偈（おうごんげ）」では浄土に往生する衆生を讃嘆し、その徳がひろく讃えられています。

　また、釈尊が弥勒菩薩（→Ａ、37頁）に対して三毒、五悪について誡め、胎生（たいしょう）と化生（けしょう）（→53頁）との得失を判定し、阿弥陀如来の浄土に往生することを願うべきことが勧められています。

　最後に流通分（るずうぶん）（→7頁）では、無上功徳の名号を受持せよとすすめ、将来の世に諸経に示された教えが滅尽しても、この経だけはいつまでも留めおいて、人びとを救い続けると説いて終わっています。

『観経』（『仏説観無量寿経』）の組織

　『観経』では、序分に「王舎城の悲劇」といわれる事件が説かれます。韋提希（いだいけ）は、濁世を厭い、苦悩のない世界を求めました。そして、特に阿弥陀如来の極楽浄土に生まれることを選んで、そこに往生するための教えを釈尊に請います。（→Ａ、46頁）

　次に正宗分では、最初に韋提希の請いに応じて「定善（じょうぜん）」が説かれます。その後、釈尊が自ら「散善（さんぜん）」を説かれます。

　定善とは、精神を統一して浄土と仏・聖衆を観想することで、

①日観　②水観　③地観　④宝樹観　⑤宝池観　⑥宝楼観
⑦華座観　⑧像観　⑨真身観　⑩観音観　⑪勢至観
⑫普観　⑬雑想観

の十三観が説かれます。このうち、第七の華座観では、釈尊が
「苦悩を除く法を説こう」と阿難（→A、19頁）と韋提希に述
べたその時、阿弥陀如来が観音・勢至の二菩薩をともなって空
中に住立されること（住立空中尊）が説かれています。

　続いて、定善を修めることのできない者のために説かれたの
が散善です。散善とは、散乱粗動の心のままでおさめる善のこ
とです。おさめる善によってあらゆる衆生を九種（九品）に分
けています。

　しかし、流通分で釈尊は、それまで説いてきた定善・散善
の観法ではなく、念仏を阿難に付属し「無量寿仏の名を持て」
（→註、117頁）と勧めています。

『小経』（『仏説阿弥陀経』）の組織

　『小経』は、祇園精舎にて千二百五十人の弟子たちや、多く
の菩薩、天人に対して説かれる内容です。釈尊が誰にも問われ
ることなく教えを説いたという特徴があることから「無問自説
の経」といわれます。（→A、47頁）

　正宗分の構成は三段です。最初は極楽浄土のうるわしい様子
と仏・菩薩の尊い徳が示されます。次に、この浄土には、自力
の善ではなく、一心不乱に念仏することによってのみ、往生で
きると説かれます。そして、最後には、東・南・西・北・下・
上の六方の諸仏によって、この念仏往生の教えが、少しも間違

いのないことが証明されています。

　浄土への願生をすすめた釈尊は、流通分にいたって「この難_{なん}信_{しん}の法_{ほう}を説_とく」(→註、128頁)と述べられます。

　なお、三経の関係については『浄土真宗本願寺派　僧侶教本Ａ』46 〜 49頁を参照してください。

経典の構成

　経典を註釈するにあたって、経典全体をいくつかに分ける「分科」とよばれる方法が用いられています。代表的なものに、次の、三分科法があります。

　序　分：経典が説かれた経緯を明かす

　正宗分：経典の中心となる内容を述べる

　流通分：経典の利益を明かして勧める

『大経』の分科

　┄序分

　　　証信序

　　　発起序

　┄正宗分

　　　法蔵発願

　　　法蔵修行

　　　弥陀果徳

　　　衆生往生因

　　　衆生往生果

　　　釈迦指勧

　┄流通分

　　　弥勒付属

　　　特留此経

『観経』の分科

…序分

　証信序

　発起序

…正宗分

　定善　　　十三観

　散善　　　三福※

…得益分※

…流通分　　　付属持名

…耆闍分※

『小経』の分科

…序分（証信序のみ）

…正宗分

　依正段

　因果段

　証誠段

…流通分

※三福…『観経』に説かれた散善の行を、次の三種に分類したもの。①世福（世俗の善）②戒福（小乗の善）③行福（大乗の善）。

※得益分…『観経』は五分科され、正宗分の次に、韋提希とその侍女ら無数の諸天が利益を得たと説かれる部分があげられる。

※耆闍分…『観経』は五分科され、流通分の次に、釈尊が王舎城から耆闍崛山に還られたとき、阿難がそこに集う弟子達に王舎城内の諸法を再び説いた部分が最後にある。

memo

　親鸞聖人は、それぞれの時代において阿弥陀如来の本願の教えを明らかにされた高僧として、七高僧を挙げられました。（→Ａ、50頁）七高僧には、本願の教えを明らかにしているという共通点とともに、それぞれの独自の見解があります。これを「開顕の釈功（かいけん しゃっこう）」「七祖の発揮（はっき）」などといいます。

龍樹菩薩・難易二道

　龍樹菩薩（りゅうじゅ ぼ さつ）（→Ａ、50頁）の著とされる『十住毘婆沙論（じゅうじゅうび ば しゃろん）』は、大乗菩薩道が説かれた論書です。大乗菩薩道とは、大乗仏教の菩薩が歩む成仏道のことで、この道には段階が細かく決められています。例えば、天台宗では「十信・十住・十行・十回向・十地・等覚（とうがく）（菩薩の最高位）・妙覚（みょうがく）（仏の位）」という五十二段階の理解が用いられています。

　『十住毘婆沙論』は、十地のなかの「初地（しょじ）」と「二地（にじ）」の註釈です。

　『十住毘婆沙論』「易行品（いぎょうぼん）」では、菩薩が修行を続けて、さとりに到達するにはどのようにしたらよいかが問題となっています。菩薩がさとりをひらくためには、段階を昇っていかなければならないのですが、常に昇り続けることができるとは限りませんし、後退してしまう可能性もあります。そのため、まずめざされるのは、菩薩道が後退しない位に到達することであり、その位こそが初地だとされます。このため初地は、後戻りしない位ということで「不退転地（ふ たいてんじ）」ともいわれ、後戻りせず必ずさとりをひらくことができるため歓喜が生じるということで「歓喜地（かんぎじ）」ともいわれています。

　初地に到達することについて、「易行品」では、

阿惟越致地に至るには、もろもろの難行を行じ、久しくしてすなはち得べし。あるいは声聞・辟支仏地に堕す

　　　　　　　　　　　　　　　　　　　　　（→註七、3頁）

とあります。初地（阿惟越致地・阿毘跋致地）に至るには、さまざまな行（諸）を、長い時間をかけて（久）、修めていかなければならない。しかし、それでも「声聞・辟支仏地」という段階に落ちてしまう危険性がある（堕）といわれています。

　こうした「諸・久・堕の三難」がある道を難行道といい、難行道に対する道として易行道が示されています。龍樹菩薩は、難行道を陸上の歩行、易行道を水道の乗船に譬えられ、次のようにいわれています。

仏法に無量の門あり。世間の道に難あり易あり。陸道の歩行はすなはち苦しく、水道の乗船はすなはち楽しきがごとし。菩薩の道もまたかくのごとし。あるいは勤行精進のものあり、あるいは信方便易行をもつて疾く阿惟越致に至るものあり

　　　　　　　　　　　　　　　　　　　　（→註七、5〜6頁）

　この易行道は、難行道（諸・久・堕）に対して考えるならば、一つの行で、速やかに、そして後戻りする危険性がなく、必ずさとりに至る道なのです。

　この難行道・易行道を明らかにしたことから龍樹菩薩の釈功・発揮を「難易二道」といいます。

天親菩薩・宣布一心

　天親菩薩（→Ａ、52頁）の『浄土論』は、阿弥陀如来の浄土への往生を願った偈頌である「願生偈」と、その願生偈を解説した「長行」によって構成されています。

　願生偈の冒頭には、

　　世尊、われ一心に尽十方無礙光如来に帰命したてまつりて、安楽国に生ぜんと願ず　　　　　　　　（→註七、29頁）

とあります。ここでの「世尊」とは、釈尊のこと、「尽十方無礙光如来」は阿弥陀如来のことですので、文の意味は、

　　世尊（釈尊）よ、私は一心にあらゆる世界を照らしてさわりなく人びとを救う光の仏である阿弥陀如来に帰命して、阿弥陀如来の浄土に往生したいと願います

と理解することができるでしょう。ですので、この文は天親菩薩ご自身の信心を表白したもの（帰敬序）であり、偈頌での讃嘆はこの言葉に集約できます。その後には、『浄土論』を著した理由を述べています。

　浄土の荘厳相を讃嘆し、最後に、

　　われ論を作り偈を説く。願はくは弥陀仏を見たてまつり、あまねくもろもろの衆生とともに、安楽国に往生せん

　　　　　　　　　　　　　　　　　　　（→註七、32頁）

と述べて、あらゆる衆生とともに阿弥陀如来の浄土に往生することを願っています。

願生偈に続いて説かれる長行の冒頭には、

論じていはく、この願偈はなんの義をか明かす。かの安楽世界を観じて阿弥陀仏を見たてまつることを示現す。かの国に生ぜんと願ずるがゆゑなり　　　　　　　　　　（→註七、32頁）

と述べられ、続いて信を起こす道を示して、礼拝門・讃嘆門・作願門・観察門・回向門の五念門が実践行として示されます。そして、この五念門を行ずることによって近門・大会衆門・宅門・屋門・園林遊戯地門という五種の功徳を得て、自利利他を満足して阿耨多羅三藐三菩提（さとり）を成就することが示されます。

親鸞聖人は、天親菩薩が帰敬序で述べられた一心が、他力回向の信心であると理解されました。このことから、天親菩薩の釈功・発揮を「宣布一心」といいます。

曇鸞大師・顕示他力

曇鸞大師（→A、52頁）は、天親菩薩の『浄土論』の註釈書である『往生論註』を著しました。その冒頭には龍樹菩薩の『十住毘婆沙論』「易行品」に説かれた難行道・易行道が引用されています。難行道とは、五濁（劫濁・見濁・煩悩濁・衆生濁・命濁）という濁りきった世の中で、しかも釈尊がいらっしゃらない「無仏」の時代に自ら行を修め、不退転の位である阿毘跋致地（初地のこと→9頁）に至ろうとする道だといわれます。

その難行である理由について曇鸞大師は五つ挙げていますが、その最後に、「ただこれ自力にして他力の持つなし」（→註七、47頁）とあります。難行道に対する易行道は、阿弥陀如来を信じ、その浄土に生まれたいと願えば仏願力によって往生し、正定聚（不退転地）に至る道だと示されています。曇鸞大師は『浄土論』が易行道を説くものであり、「上衍の極致」（→註七、48頁）であるといわれました。自他共にさとりをひらこうとする大乗仏教の極致である、最も尊い教えという意味です。

曇鸞大師が、他力の道として易行道を示されたのには一つの疑問があったからでした。『浄土論』では、五念門の行を修して五功徳門を成就し、阿耨多羅三藐三菩提のさとりをひらくという道が説かれています。『浄土論』において、五念門は作願門・観察門を中心とした菩薩の行として説かれており、非常に難しい行です。こうした行は誰にも出来るようなものとは考えられませんが、『浄土論』の最後には、

菩薩はかくのごとく五門の行を修して自利利他す。速やかに阿耨多羅三藐三菩提を成就することを得るゆゑなり

（→註七、42頁）

と、「速やかに」といわれているのです。ここに曇鸞大師は疑問を持たれたのでした。そして、曇鸞大師はその答えとして、阿弥陀如来を増上縁とするからである、と示されました。（→註七、155頁）「増上縁」とは、勝れた因縁の意味です。続けて、

おほよそこれかの浄土に生ずると、およびかの菩薩・人・天の所起の諸行とは、みな阿弥陀如来の本願力によるがゆゑなり　　　　　　　　　　（→註七、155頁）

といわれています。つまり、浄土に往生すること（往相）と、浄土に往生したものが迷いの世界に還って人びとを教化すること（還相）が、阿弥陀如来の本願力によって完成されるということです。曇鸞大師は、その阿弥陀如来の本願力を明らかにするために、阿弥陀如来の四十八願の内容を用いて、

　　第十八願によって、十念で往生すること
　　第十一願によって、必ず滅度に至ること
　　第二十二願によって、即時に高位の菩薩と同じとなること

を証明されました。この三願によって阿弥陀如来の本願力をはっきりと証明したことを「三願的証」といいます。
　曇鸞大師によって阿弥陀如来の本願力による救いが明らかになったことから、釈功・発揮を「顕示他力」といいます。

道綽禅師・聖浄二門

　道綽禅師（→A、54頁）が著されたのは、『観経』の要義を種々の経論を引用して述べ、安楽浄土への往生を勧められた『安楽集』です。
　道綽禅師が浄土往生を勧められるのは、それが「時機相応」の教えであるためでした。「時」とは、釈尊が入滅されてからかなりの時間が経過していること、「機」とは、人間のことで

あり、この人間の持つ仏道を歩むための能力を指します。すなわち、道綽禅師の基本姿勢は、自らの歩む仏道は、時と機にかなったものを選ぶべきであるという点にあったといえます。

　その背景にあるのは、激動の時代と末法の到来です。道綽禅師が生き抜かれたのは、南北朝末期の北斉（ほくせい）・北周（ほくしゅう）・陳（ちん）の三国が鼎立（ていりつ）し、やがて隋・唐によって中国統一が図られる動乱期でした。また、虫害や旱害（かんがい）などの天災が続発し、16歳の時には北周武帝による廃仏にもあわれています。そのようななか、当時浸透していた正法五百年・像法一千年・末法一万年とする「末法思想」により、道綽禅師は、現実が末法の世であることを強く意識されていたものと考えられます。

　道綽禅師の釈功・発揮は、「聖浄二門（しょうじょうにもん）」です。『安楽集』の第三大門には、

　　第五（だい）にまた問（と）ひていはく、一切衆生（さいしゅじょう）みな仏性（ぶっしょう）あり。遠劫（おんごう）よりこのかた多仏（たぶつ）に値（あ）ひたてまつるべし。なにによりてかいまに至（いた）るまで、なほみづから生死（しょうじ）に輪廻（りんね）して火宅（かたく）を出（い）でざる。答（こた）へていはく、大乗（だいじょう）の聖教（しょうぎょう）によるに、まことに二種（しゅ）の勝法（しょうぼう）を得（え）て、もつて生死（しょうじ）を排（はら）はざるによる。ここをもつて火宅（かたく）を出（い）でず。何者（なにもの）をか二となす。一にはいはく聖道（しょうどう）、二にはいはく往生浄土（おうじょうじょうど）なり　　　　（→註七、241頁）

と、生死出離の道には、聖道門と浄土門とがあることを示されます。

　聖道門とは、この世界において成仏をめざす道で、浄土門とは阿弥陀如来の浄土において成仏をめざす道です。このうち聖

14

道門は証し難いことを二つの理由と一つの証文によって、道綽禅師は明かされます。

　二つの理由とは、釈尊が入滅されてからはるか後の時代になっていること、聖道門の教えは深遠であるけれども衆生の理解する力は微かであることです。また、一つの証文とは、『大集経』「月蔵分」です。これによって、末法の世においては、往生浄土の法門こそが成仏することのできる道であるとして勧められています（二由一証）。

善導大師・古今楷定

　善導大師（→Ａ、54頁）の著作は、

　　『観経疏』　四巻
　　『法事讃』　二巻
　　『観念法門』　一巻
　　『往生礼讃』　一巻
　　『般舟讃』　　一巻

の五部九巻といわれます。

　善導大師の釈功・発揮は「古今楷定」です。『観経』は、中国において、さかんに研究された経典で、当時の仏教界を代表する浄影寺慧遠などの諸師や摂論家（『摂大乗論』にもとづく学派）といわれる人びとによって解釈されます。そのようななかで、善導大師は『観経疏』の後跋に、

　　某、いまこの『観経』の要義を出して、古今を楷定せん

と欲す　　　　　　　　　　　　　　　　（→註七、502頁）

とあるように、『観経』解釈の正しい基準を定め（楷定）、過去（古）と現在（今）の『観経』に対する誤解をただされたのです。このことから、善導大師の釈功・発揮を「古今楷定」といい、これによって、阿弥陀如来の本願力により、凡夫が称名念仏で報土に往生できるという『観経』の真意が明らかにされました。

　その主要な点として、『観経』の下品下生には、生涯、悪をつくってきた者が、死を目前にして、苦しみのなか、善知識のすすめによって十声の南無阿弥陀仏を称え、命終わるその時に極楽世界に往生することができた、という説示があります。これについて、善導大師と諸師の理解には大きな差異があります。

　まず、九品の機類について、諸師は上上品から下下品をできるだけ立派な聖者として解釈しようとするのに対して、善導大師は、九品すべてが凡夫であると主張されます（「九品唯凡」）。

　次に、韋提希についても諸師は、仮に凡夫の姿をした菩薩であるとするのに対して、善導大師は実の凡夫と主張されました。また、諸師は、凡夫が十声の称名念仏によって往生できるような浄土は、程度の低い凡聖同居土や応身応土であるとみますが、善導大師は、阿弥陀如来の浄土は、因願酬報の報土であることを『大乗同性経』『大経』『観経』の三つの経典によって証明します（「是報非化」）。

　また、十声の称名念仏による往生について、摂論家の人びとは、「別時意趣」であると指摘しました。これは、下品下生の凡夫が称名念仏によって命終した後に往生するとあるのは、実

は遠い将来（別時）に得られる利益（りやく）を直ちに得られるように説いたものだとする解釈です。つまり、下品下生の称名念仏による往生は、愚かなものに念仏をさせようとする釈尊の方便であり、往生したいという願はあるが、行は無い（「唯願無行（ゆいがんむぎょう）」）としたのです。これに対して、下品下生の称名念仏が願行具足していることを示したのが善導大師の「六字釈」（→註七、325頁）です。六字釈では阿弥陀如来のはたらきそのものが衆生往生の行となるのだから、十声の称名念仏の一つひとつが願行具足しているとしました。これによって、『観経』の下品下生の説示は、別時意趣にあたらないことを明らかにされたのです（「別時意会通（じいえつう）」）。

　そして、注目すべき点として、『観経』の三心である至誠心・深心・回向発願心を解釈され、深心について「二種深信（にしゅじんしん）」を示されたことが挙げられます。『観経疏』「散善義」には、

　「深心（じんしん）」といふはすなはちこれ深く信ずる心なり。また二種（しゅ）あり。一には決定（けつじょう）して深く、自身は現にこれ罪悪生死（ざいあくしょうじ）の凡夫（ぼんぶ）、曠劫（こうごう）よりこのかたつねに没（もっ）しつねに流転（るてん）して、出離（しゅつり）の縁（えん）あることなしと信ず。二には決定（けつじょう）して深く、かの阿弥陀仏（あみだぶつ）の、四十八願は衆生（しゅじょう）を摂受（しょうじゅ）したまふこと、疑（うたがい）なく慮（おもんぱか）りなくかの願力（がんりき）に乗じてさだめて往生（おうじょう）を得（う）と信ず

（→註七、457頁）

と示されています。

　一つ目に示されるのは、自分自身がはるかな過去から常に流転し続け、その輪廻から逃れるべき因を何も持ちあわせていな

17

いことを深く信じるということです。これを「機の深信」といいます。

二つ目に示されるのは、阿弥陀如来の四十八願は、「機の深信」で示されるものこそを救おうとされて建てられたのであるから、その願力によって往生できることを疑いなく深く信じるということです。これを「法の深信」といいます。この「機の深信」と「法の深信」とは、どちらが先でどちらが後という順序があるのではなく、一つの真実信心の姿について、二つの側面から述べられたものであるため、その関係は「二種一具（にしゅいちぐ）」といわれています。

また、当時主流であった『観経』の要を「観仏（かんぶつ）」と見る諸師の解釈を廃し、「称名念仏」を往生の正定業（正しく衆生の往生が決定する行業（まさ））とされる点も、善導大師の教えの特徴の一つです（「念観廃立（ねんかんはいりゅう）」）。

源信和尚・報化二土

源信和尚（→Ａ、56頁）は、諸経論釈のなかから往生極楽に関する要文を集め、日本最初の浄土教の本格的教義書となる『往生要集』を著わされました。その所説は、多くの浄土教者を教え導くとともに、克明に記した地獄の様相は後の文学などに影響を与えています。

源信和尚の釈功・発揮は、「報化二土（ほうけにど）」です。阿弥陀如来の浄土が、化土ではなく報土であることは、すでに善導大師が述べられたことでした。その報土を、さらに「報土」と「化土」（「報中の化」「化の浄土」）に弁別されたのが源信和尚でした。

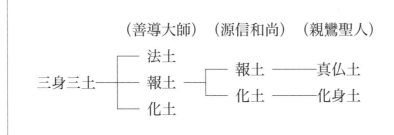

このことについて、『往生要集』には、問答が設けられています。（→註七、1126頁）そこでは、懐感禅師の『群疑論』の釈によって、『菩薩処胎経』に説かれる「懈慢界」の説を挙げられます。「懈慢界」とは、阿弥陀如来の浄土に往生することを願ったものが、楽しみに執われなまけてしまい、その途中で前進することができなくなってしまう世界です。この世界を源信和尚は、「化の浄土」とし、これに対し極楽世界を「報の浄土」とされました。

さらに、源信和尚は往生する原因と結果の相違を示して、その得失を明らかにされました。報・化ともに阿弥陀如来の浄土なのですが、それぞれ生まれる因が異なるのです。信心がひとすじで強固である「執心牢固」の専修のものが生まれるのが「報の浄土」であり、信心がひとすじではなく、強固でもない「執心不牢固」の雑修のものが生れるのが「化の浄土」であると説かれたのです。

源空聖人・選択本願

源空聖人（→A、56頁）は、阿弥陀如来の本願によって称名念仏一行の専修を主張され、浄土宗の独立を宣言されたとい

える『選択本願念仏集』（選択集）を著わされました。

　源空聖人の釈功・発揮は、「選択本願」です。源空聖人は、善導大師の称名正定業の教えを継承され、さらに展開されます。その姿勢は「偏依善導一師（ひとえに善導一師による）」ともいわれます。

　善導大師は、往生の行を阿弥陀如来とその浄土を対象とする正当な往生行である「正行」と、それ以外の「雑行」の二行にわけられました。正行として読誦・観察・礼拝・称名・讃嘆供養の五種（五正行）を挙げられます。さらにその五正行を正助二業にわけて、第四の称名をもって正定業とし、その他を助業とすることを明らかにされました。

　称名が正定業である理由を善導大師は「かの仏の願に順ずるがゆゑ（順彼仏願故）」（→註七、463頁）とされ、称名によって往生が定まるのは、称えた行者の功績ではなく、称名するものを浄土に迎えとろうと誓われた阿弥陀如来の本願によるものであることを述べられています。

　源空聖人は、善導大師の教えを受けて『選択集』を著されましたが、その内容を端的に示されているのが総結の「三選の文」です。

　それすみやかに生死を離れんと欲はば、二種の勝法のなかに、しばらく聖道門を閣きて選びて浄土門に入るべし。浄土門に入らんと欲はば、正雑二行のなかに、しばらくもろもろの雑行を抛てて選びて正行に帰すべし。正行を修せんと欲はば、正助二業のなかに、なほ助業を傍らにして選びて正定をもつぱらにすべし。正定の業とは、

すなはちこれ仏名を称するなり。名を称すれば、かならず生ずることを得。仏の本願によるがゆゑなり

（→註七、1285頁）

　ここでは、聖浄二門のうち浄土門を選びとり、正雑二行のなかから正行を選びとり、正助二業のなかでは正定業である称名念仏を選びとり、もっぱら称名することを勧められているのです。

　この称名念仏こそが、阿弥陀如来の本願に選び取られた行業であることを「選択本願」といいます。これが源空聖人の釈功・発揮です。源空聖人は称名念仏について次のように述べられます。

　なんがゆゑぞ、第十八の願に、一切の諸行を選捨して、ただひとへに念仏一行を選取して往生の本願となしたまふや。答へていはく、聖意測りがたし。たやすく解することあたはず。しかりといへどもいま試みに二の義をもつてこれを解せば、一には勝劣の義、二には難易の義なり

（→註七、1207頁）

　つまり、本願で称名念仏が選び取られた理由は、余行は「劣行」にして、しかも「難行」であるが、念仏は「勝行」にして、しかも「易行」であるからです。こうした勝易の二徳がそなわった念仏であるからこそ、阿弥陀如来は万人を平等に救う行法として選び取られたのであることを明らかにされています。

宗祖の著作によって、真宗教義は体系化されています。

特に重要な項目を下記に挙げていますが、『浄土真宗本願寺派　僧侶教本Ａ』や参考文献を参照しながら学びを深めましょう。

阿弥陀如来

西方浄土（極楽世界）にあって大悲の本願をもって生きとし生けるものを平等に救済しつつある仏のことです。『大経』によれば、法蔵菩薩が光明無量（第十二願）、寿命無量（第十三願）であろうと願い、その願いに報いて成就されたので、無量光（アミターバ）、無量寿（アミターユス）の徳をもつといい、このような徳をあらわすために阿弥陀と名づけられたといわれています。

無量寿とは、仏のはたらきの時間的な無限性を、無量光とは空間的な無辺性を、それぞれあらわしており、時間的空間的な限定を超えて、あらゆる衆生をもらさず救う仏の名を阿弥陀如来というのです。また、親鸞聖人は、曇鸞大師の教えによって、阿弥陀如来を法性・方便の二種法身として説明されています。

往生浄土

阿弥陀如来の浄土に往き生まれることです。阿弥陀如来の浄土は、完全に煩悩が寂滅した無為涅槃界ですから、生まれるとただちに仏となります。これを「往生即成仏」といいます。また、現生の命を終えるとすぐに、阿弥陀如来の浄土に往生し、ただちに仏となります。これを「難思議往生」といい

ます。それは、自身の迷いを完全に脱却するとともに、衆生済度が自由自在に可能となることです。このように阿弥陀如来の浄土に往生したのち衆生救済の活動に出ることを還相といいます。阿弥陀如来の浄土は、第十二願・第十三願に報いて完成された国土ですから、光明無量、寿命無量の徳の実現している真実報土です。この国土を親鸞聖人は、「土はまたこれ無量光明土なり」（→註、337頁）と、光明の世界としてあらわされています。

本　願

　本願には、因本の願と根本の願の二つの意味があります。因本の願とは、因位のときにおこされた願いということであり、この願いには、それが完成しなければ仏にならないという誓いをともなっているので誓願といわれます。この因本の願に、総願と別願とがあります。総願とは、すべての菩薩が共通しておこすもので、四弘誓願として知られています。別願とは、それぞれの菩薩に特有なものであり、法蔵菩薩の四十八願などがあります。

　源空聖人や親鸞聖人は、第十八願こそが四十八願のなかで根本的な願いであるとされます。その場合には、本願の語を「根本の願」の意味で用います。

　また、本願とは、十方の衆生をして阿弥陀如来の救いを信ぜしめ、その名号を称えしめて、浄土に往生せしめようという願いですので、その願いが成就したはたらきを本願力というのです。そこで阿弥陀如来が衆生に南無阿弥陀仏をあたえて救うことを、親鸞聖人は本願力回向といわれました。（→A、62〜63頁）

名　号

　一般には仏・菩薩の名前をすべて名号といいます。ただし、浄土教では、特に阿弥陀如来の名のことです。浄土真宗では「南無阿弥陀仏」を六字の名号といい、「南無不可思議光仏」を八字の名号、「南無不可思議光如来」を九字の名号、「帰命尽十方無礙光如来」を十字の名号といいます。

　親鸞聖人は、南無阿弥陀仏の六字を解釈される六字釈によって、名号が衆生を摂取して捨てないという阿弥陀如来の意をあらわす本願招喚の勅命であることを明らかにされました。（→A、66頁）

称　名

　称名とは、仏教一般では仏・菩薩の名号を称えることをいいます。浄土教では、特に阿弥陀如来の名号（南無阿弥陀仏）を称えることです。

　善導大師は、阿弥陀如来の本願を称名往生を誓ったものとされ、称名行を浄土に往生するための正定業であるとしました。源空聖人は、阿弥陀如来がその本願において最も勝れて称え易い称名を選ばれて、往生の正定業とされたといい、称名一行の専修を勧められました。

　この称名は、本願を信じて称える他力の称名です。この他力の称名は、自身の浄土往生のためではなく、阿弥陀如来をほめたたえ、報恩の念いから行うものです。（→A、66〜67頁）

24

信　心

　信心とは信楽ともいわれ、無疑心のことであって、本願の名号を疑いなく受け入れることをいいます。それは大行である名号のはたらきが衆生に正しく至り届いた姿です。この信心は、「如来の大悲心なるがゆゑに、かならず報土の正定の因となる」（→註、235頁）といわれます。これを信心正因といいます。

正定聚

　正定聚とは、正しく仏になることに決定しているなかまという意味です。必ず仏になるということは、言葉をかえれば決して退転しないということであるので、不退転ともいいます。親鸞聖人は、このような正定聚は平生の信の一念に与えられる利益であるので、これを現生正定聚といわれました。

覚如宗主

　親鸞聖人によって明らかにされた浄土真宗のみ教えは、本願寺の歴代宗主によって、受け継がれていきます。特に、本願寺第3代宗主覚如上人は、本願寺の礎を築かれ、生涯を通して親鸞聖人の遺徳の顕彰につとめられました。

著　作

　覚如上人には、撰述された順に挙げると、

『報恩講私記』『親鸞聖人伝絵（御伝鈔）』『拾遺古徳伝』
『執持鈔』『口伝鈔』『本願鈔』『改邪鈔』『願願鈔』
『最要鈔』『出世元意』

の著作があります。
　『拾遺古徳伝』までの著作は伝記的な内容です。そこでは、親鸞聖人の行実を詳しく述べ、また源空聖人の伝記のなかでは、親鸞聖人との関係が明確にされています。
　『執持鈔』以降は、教学的な内容を中心としたものになっていきます。特に、『口伝鈔』と『改邪鈔』は、内容も豊富で代表的な著作といわれます。

三代伝持の血脈

　当時源空聖人の教えを伝える流れには、勢力のある鎮西派や西山派があり（→90頁）、また真宗内部にも、関東の有力門弟や京都の佛光寺がありました。

　覚如上人は、そのようななかで源空聖人・親鸞聖人の教えを正しく受け継いでいることを「三代伝持の血脈」によって主張されたのでした。（→Ａ、94頁）

信心正因・称名報恩と平生業成

　覚如上人の教学的な特徴は、「信心正因・称名報恩」と「平生業成」を強調されたところにあります。その内容は『口伝鈔』第21条（→註、910頁）をはじめとして、『最要鈔』『本願鈔』『改邪鈔』等、著作の随所にみられます。

　本願には、信心（三心）と称名（乃至十念）が誓われています。（→Ａ、63～73頁）覚如上人は、信心がおこるその時に往生成仏は決定し、称名は往生決定後のいとなみであるから仏恩を報謝する報恩行であることを強調されました。

　この「信心がおこるその時に往生成仏は決定すること」を平生業成といわれました。これは臨終業成に対して主張されたものです。臨終業成とは命が終わるその時に往生成仏が決定するという考え方です。

蓮如宗主

　覚如上人の法門を受け継ぎ、時代に合わせた伝道方法によって浄土真宗の法義をひろく浸透させたのが、本願寺第８代宗主蓮如上人でした。

著　作

　蓮如上人は若年の頃より、父である本願寺第７代宗主存如上人のもとで数多くの聖教類を書写されていました。親鸞聖人が

『教行信証』行巻の末尾に示された「正信偈」を、「三帖和讃」と合わせてひとつの書物として書写されたのは、存如上人が初めてです。それを、蓮如上人は印刷刊行されました。さらに『正信偈大意』という註釈書も制作されます。この『正信偈大意』には、『正信偈註』『正信偈註釈』という前身となるものがあり、蓮如上人の関心の高さをうかがうことができます。これらの内容の多くは、本願寺第3代宗主覚如上人の長子である存覚上人の『六要鈔』を受けられたものですが、より平易に述べられており、独自の解釈もみられます。

次に、蓮如上人の功績のなかでも最も知られているのが、後に『御文章』といわれるお手紙の制作です。

『御文章』とは、浄土真宗の法義をひろく伝えるために、平易な消息形式でしたためられたものです。「御文」「消息」「勧章」「勧文」「宝章」とも呼ばれ、現在では二百数十通が確認されています。

そのなかでも、一般によく知られているのは、『帖内御文章』や『五帖御文章』ともいわれる、「五帖八十通の御文章」です。これは、蓮如上人がしたためられた多くの『御文章』のなかより、本願寺第9代宗主実如上人のもとで、特に肝要なものを選定・編集されたといわれています。

全般的な内容は、当時の異義や異安心である「善知識だのみ」「十劫秘事」「口称正因」などを批判しつつ、信心正因・称名報恩という浄土真宗の正義を明らかにすることに心を配られています。

また、この五帖八十通の御文章は、その編纂時、八十五通が選定されたといわれます。残りの五通は『夏御文章』四通と

『御俗姓』一通で、それらは当時、門徒には授与されないものでした。

タノムタスケタマヘ

　『御文章』のなかで、他力回向の信心を「後生たすけたまへと一心に弥陀をたのむ」などと表現されることは、蓮如上人の大きな特色の一つです。「たのむ」や「たすけたまへ」は、『御文章』に頻出する言葉ですが、これらは、「どうか助けてくださいとお願いする」という意味では決してないところに注意が必要でしょう。

　たとえば、五帖目第一通（末代無智章）には、

　こころをひとつにして阿弥陀仏をふかくたのみまゐらせて、さらに余のかたへこころをふらず、一心一向に仏たすけたまへと申さん衆生をば　　　　　　（→註、1189頁）

とあります。阿弥陀如来の「必ず救う、我にまかせよ」という勅命（→Ａ、66頁）をそのまま受け入れて、「おまかせいたします」という意味の言葉です。つまり、「たのむたすけたまへ」とは、阿弥陀如来に向かって「お願いする」「請い求める」ということではなく、阿弥陀如来の本願力を「たのみにする」「おまかせする」ということです。

　私たちは、「浄土三部経」、七高僧の著作、親鸞聖人の著作などを通して浄土真宗のみ教えを学びます。このとき親鸞聖人の教義を「浄土三部経」や七高僧それぞれの著作と関連させながら、体系的・組織的に学ぶことが大切です。

　こうした学びは、浄土真宗本願寺派においては特に江戸時代以降、現在に至るまで盛んに行われています。その学びの成果の一つとして「論題」があります。「論題」とは、特定のテーマに関する研究方法のことで、現在、「安心論題」として17のテーマが挙げられています。

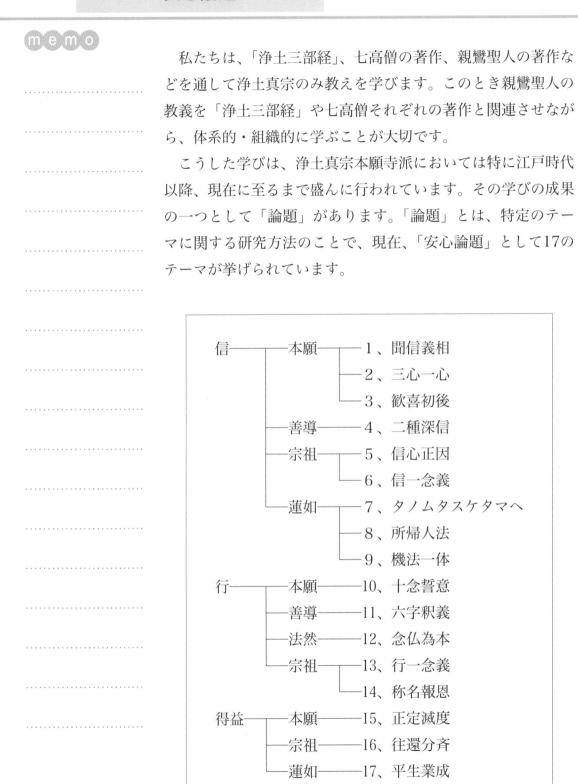

信 ── 本願 ── 1、聞信義相
　　　　　　── 2、三心一心
　　　　　　── 3、歓喜初後
　　── 善導 ── 4、二種深信
　　── 宗祖 ── 5、信心正因
　　　　　　── 6、信一念義
　　── 蓮如 ── 7、タノムタスケタマヘ
　　　　　　── 8、所帰人法
　　　　　　── 9、機法一体

行 ── 本願 ── 10、十念誓意
　　── 善導 ── 11、六字釈義
　　── 法然 ── 12、念仏為本
　　── 宗祖 ── 13、行一念義
　　　　　　── 14、称名報恩

得益 ── 本願 ── 15、正定滅度
　　── 宗祖 ── 16、往還分斉
　　── 蓮如 ── 17、平生業成

　本書や『浄土真宗本願寺派　僧侶教本Ａ』では、左記の「安心論題」を直接扱っていませんが、「信心正因」「称名報恩」などは『浄土真宗本願寺派　僧侶教本Ａ』で扱っています。（→Ａ、67頁）

　浄土真宗では、阿弥陀如来のはたらきを疑いなく受け入れた信心を「正因」とし、称名はその阿弥陀如来のはたらきをほめたたえ、「報恩」の念いから行うものとして、信心と称名の関係を「信心正因・称名報恩」といいます。

　また、「正因」である「信心」は、

　　しかるに『経』（大経・下）に「聞」といふは、衆生、仏
　　願の生起本末を聞きて疑心あることなし　（→註、251頁）

と示されるように、「名号のいわれ」を「聞く」ことによって成立します。これを「安心論題」では、「聞信義相」という論題として扱っています。

　より詳細に学びたい方は、本書記載の参考文献（→150頁）をもちいて学びを深めてください。

本願寺の仏具① ― 持蓮華 じれんげ

普段、阿弥陀堂の礼盤脇卓に設置されている仏具。

真宗史

memo

親鸞聖人がご往生されて後、文永9年（1272）、「廟堂」（大谷廟堂）が建立されました。（→A、92頁）廟堂は、当初、親鸞聖人のお墓を覆う屋舎でしたが、永仁3年（1295）頃に親鸞聖人の木像が安置され、以来「大谷影堂」とも呼ばれるようになりました。この廟堂を「本願寺」へと発展させていくために尽力されたのが、本願寺第3代宗主覚如上人です。（→26頁）

廟堂を本願寺へと発展させるために必要なこととして覚如上人は二つのことを行われました。ひとつは、寺号の公称です。もうひとつは、阿弥陀如来像の安置です。廟堂は、親鸞聖人の影像を安置する堂であり、一般的な意味での寺院とは異なりますから、本尊である阿弥陀如来像（木像）を安置されようとしたのです。

本願寺は、この覚如上人の後を承けた歴代宗主によって護持され、発展していきます。

覚如上人の次男従覚上人の長子である本願寺第4代宗主善如上人は、覚如上人の長男である存覚上人、父の従覚上人（→A、95頁）の補佐を受け、教化活動を行われました。

本願寺第5代宗主綽如上人、本願寺第6代宗主巧如上人の時代には、北陸地方へ教線を拡大されました。巧如上人は、覚如上人が越前で教化した大町の如道（如導）に淵源を持つ三門徒（現、真宗讃門徒派）とも交渉していたと考えられています。綽如上人は、越中（富山県）井波に瑞泉寺（現在は、真宗大谷派井波別院瑞泉寺）を建立されました。

しかし、こうした活動にもかかわらず本願寺は参詣する人もない状況でした。そのようななかでも、本願寺第7代宗主存如上人は、阿弥陀堂と御影堂の両堂を整備されたのです。これに

よって、覚如上人が提案された阿弥陀堂建立が実現したのです。

　存如上人にとって阿弥陀堂・御影堂の両堂整備は、生涯の一大課題であったともいえます。しかし、両堂整備には多額の資金が必要となるという大きな困難がありました。永 享10年（1438）のお手紙には、諸国が飢饉疫病で苦しんでいるなかで思うように募財が集まらないことが記されています。そこで存如上人は、善如上人、綽如上人と同じく北陸教化を重視されると同時に、加賀・越前・飛騨・近江・河内などでの教化活動を行われ、多数の聖教を書写され、門徒へ授与されました。

　そのなかで注目すべきなのは、「正信偈」と「三帖和讃」です。存如上人以前の歴代宗主も聖教の書写、授与をされています。しかし、「正信偈」「三帖和讃」の書写されたものは現存していません。このことは、存如上人以前には、「正信偈」「三帖和讃」はそれほど重視されていなかったことをあらわしています。

　こうした存如上人の活動は、上人の長子で本願寺第8代宗主蓮如上人と協力して行われました。存如上人が「正信偈」「三帖和讃」へ深い関心を示されたことが蓮如上人の「正信偈和讃」開版（出版）につながったと考えられます。

　本願寺教団は、本願寺第8代宗主蓮如上人の代に飛躍的に拡大しました。しかし、その拡大はさまざまな軋轢を生じさせ、「寛正の法難」が起こります。(→A、97頁) これによって、蓮如上人は越前国吉崎(福井県あわら市)に移られましたが、その時期には、応仁・文明の乱が全国各地の戦いへと拡大していました。そのため、本願寺門徒を中心とした一向一揆も起こりました。そこで、蓮如上人は吉崎を退去され、近畿へと戻られた後、文明10年(1478)に京都山科に赴かれ、文明15年(1483)には本願寺(御影堂・阿弥陀堂)を再建されました。その間の文明13年(1481)には、仏光寺の経豪が門徒とともに本願寺に加わりました。

　蓮如上人の後を承けて延徳元年(1489)に継職された本願寺第9代宗主実如上人の代になると本願寺教団の教線は蝦夷(北海道)から九州にまで拡大していきました。実如上人の継職以降、蓮如上人は河内出口、摂津富田、堺などの各地(→A、97頁)で伝道活動に尽力されます。そして、明応5年(1496)には大坂の石山の地に後の大坂(石山)本願寺となる房舎を建立されています。

　実如上人の代にも、教団は拡大を続け、大きな社会的勢力としての地位を得ることとなりました。これによって、本願寺教団は政争に巻き込まれていくようになりました。本願寺教団が細川政元など室町幕府との関係を深めていたことから起こったもので、実如上人の代には、河内、摂津、北陸などで大きな争いが起こりました。

　また、本願寺第10代宗主証如上人の代には、北陸で本願寺教団の内部でも争い(「享禄錯乱」)が起こっています。この状

況のなか、天文元年（1532）から「畿内天文一揆」と称される一揆が勃発し、同年8月、細川晴元の意を承けた六角定頼らの六角勢と京都法華宗によって、山科本願寺は焼失しました。これにより証如上人は寺基を大坂に移転され、大坂本願寺が成立します。

　本願寺第11代宗主顕如上人の代には、本願寺の門徒と戦国大名との間に争いが起こりました。織田信長は、尾張、美濃、伊勢、近江のそれぞれの地の本願寺門徒と衝突を繰り返しながら、京都へと進出してきました。そして、元亀元年（1570）より以後10年にわたる「石山合戦」が開始されました。（→A、98頁）天正8年（1580）、朝廷の介入もあり、顕如上人は織田信長と和睦し、鷺森（和歌山市）へ移られました。その後、貝塚（大阪府貝塚市）、天満（大阪市北区）と移られ、天正19年（1591）、豊臣秀吉の命により現在の京都堀川六条の地に寺基を定められました。

　文禄元年（1592）、顕如上人は急死され、教如上人が継職されました。しかし、翌年、顕如上人の妻であり、教如上人の母でもある如春尼が豊臣秀吉に対して異議を申し出ました。

　これにより、本願寺第12代宗主は顕如上人の三男である准如上人が継職し、秀吉は教如上人に隠居することを命じます。その後、慶長3年（1598）に秀吉が没し、徳川家康が台頭したとき、大きな変化が生まれました。慶長7年（1602）、徳川家康から寺地を寄進された教如上人は、烏丸七条に本願寺を別立され、本願寺教団は西と東とに別れたのです。

　元和元年（1615）５月、大坂夏の陣での豊臣方の敗北により、徳川幕府が樹立され、約250年にも及ぶ江戸時代が始まります。

　寛文４年（1664）に全国に徹底されたのが、民衆の宗旨を確認し、キリシタンを摘発する制度である宗門改です。一般民衆は台帳に一軒単位で、氏名と年齢・男女の別・宗旨が記入され、戸主が印鑑を押して僧侶がこれを証明しました。この台帳を「宗門人別改帳」といいます。寺院が民衆の宗旨を証明する制度を寺請制度といい、檀那寺と檀家という関係が生まれ、ここに全民衆はいずれかの寺院に所属する檀家制度が確立しました。加えて、檀那寺と檀家の関係は法度により、年中行事や葬儀、年忌法事などを行わなければならない、宗旨を無断で変わることはできない、などの取り決めがありました。

　寛文５年（1665）、幕府は仏教の各宗派共通の法度を発布しました。この法度は、出家の手続き、住職の資格、本末（本寺と末寺）関係などに関する規則でした。この際、本願寺教団については妻帯の宗風を認めています。

　なお寛永９年（1632）には、寺院に対し「本末帳」の作成を命じ、元禄５年（1692）にも「本末帳」の再提出を命じ、各宗における本末関係を確定させていきました。「本末帳」とは、各宗の本山と末寺を記す基本台帳で、本願寺教団では原則として法流師資（師匠の寺が本寺、弟子の寺が末寺）により形成されました。

　これら徳川幕府の政策によって仏教各宗は、戦国時代とは異なり安定した護持運営が可能となりました。本願寺第12代宗主准如上人から本願寺第19代宗主本如上人までの時代です。

　歴代宗主が共通して行われたのが、御影堂と阿弥陀堂、及び別院の再建・整備です。御影堂と阿弥陀堂は、戦乱の時代に何度も焼失し、その度に再建されてきました。現在の六条堀川の地に移ったあとの元和3年（1617）、准如上人の代にも失火から焼失しました。翌年に阿弥陀堂は再建されましたが、御影堂は本願寺第13代宗主良如上人の代、寛永13年（1636）に再建されました。これが現在の御影堂です。なお、現在の阿弥陀堂は、宝暦10年（1760）に再建されたもので、それ以前に建立されていた阿弥陀堂は、宝暦6年（1756）、本願寺第17代宗主法如上人のときに西山別院に移築されています。

　歴代宗主は、御影堂・阿弥陀堂だけでなく別院の整備も行われています。例えば、良如上人の代に築地別院（現在の築地本願寺）が再建されています。准如上人の代から江戸浅草に浅草別院がありました。この浅草別院は、寛永12年（1635）、幕府および各藩に宗教行政を担当する寺社奉行が設置され、寺社奉行や各藩の命令を受け寺院に通達する機関として触頭が置かれた際には、その触頭となっています。築地別院は、浅草別院が明暦3年（1657）の江戸の大火によって類焼したことから、幕府に替え地として寄進された土地に建立されたものです。また、本願寺第14代宗主寂如上人は、慶長2年（1597）に建立されてからおよそ100年を経過していた大坂津村別院を再興されています。

幕藩体制下の本願寺
准如宗主から本如宗主の時代

memo

徳川幕府による法度、本末制度は、仏教各宗に対して厳しい制約を加えるものでしたが、幕府は同時に学問を大いに奨励しました。「武断政治から文治政治へ」という潮流のなかで、本願寺教団においても本願寺第12代宗主准如上人の頃から学問を重視する姿勢が強くなっていきました。そうした姿勢を承けて本願寺第13代宗主良如上人は寛永15年（1638）、のちに現在の龍谷大学に継続発展する学寮を本願寺境内に設立されました。

本願寺教団では学問が盛んになるなかで、大きな論争が起こりました。「承応の鬩牆」「明和の法論」「三業惑乱」です。「承応の鬩牆」は当時能化（現在の学長にあたる役職）であった西吟に対して、肥後（熊本県）の月感が批判したことに始まります。最終的には、明暦元年（1655）に幕府が学寮の取り壊しなどの裁定を下しました。ちなみに、学寮は元禄8年（1695）に学林として再興されます。

本願寺教団において「承応の鬩牆」以上に大きな混乱をもたらしたのが「三業惑乱」です。三業惑乱は、宝暦12年（1762）の本願寺第17代宗主法如上人の代にはじまり、本願寺第18代宗主文如上人の代を経て、本願寺第19代宗主本如上人の代まで続いた約40年間にわたる論争でした。論争は、身・口・意の三業（→A、107頁）に帰命の姿をあらわさなければならないという三業帰命説をめぐって、第6代能化功存などの学林側と大瀛などの在野の学匠との間で起こりました。学林側と在野側との論争は急速に深刻化していったことで、門信徒の間にも波及することとなり、幕府の介入を受けることとなりました。京都の二条奉行所、江戸の寺社奉行での取り調べを受けた後、

40

文化２年（1805）、本如上人は学林側が不正義であると裁定され、翌年には幕府は学林側を中心に関係者を処罰し、本願寺も100日間の閉門となりました。

　本願寺の閉門がとかれた文化３年（1806）11月、本如上人は『御裁断御書』（→註、1412頁）を発布され三業惑乱に決着をつけられました。また、文政７年（1824）、能化職を廃止し勧学職を新設して学林制度の改革を行われました。

　このような状況のなかで、歴代宗主が尽力されたのが「聖教」（→Ａ、43頁）の開版です。聖教の開版は、江戸時代頃から次第に民間にひろまりました。それによって、聖教は民間に多く流布しましたが弊害もありました。それは、聖教として流布されたもののなかに、多くの真偽未詳の典籍が含まれていたため、浄土真宗の教えの理解に混乱が生じてしまったことです。そのため、本願寺教団として聖教の統一を図る必要性から、親鸞聖人500回大遠忌の記念事業の一つとして、法如上人は本山版聖教の編纂に着手されました。その際出版されたのが、明和２年（1765）に刊行された親鸞聖人から蓮如上人までの和語の聖教を集めた『真宗法要』です。なお、その後、親鸞聖人750回大遠忌の記念事業として『浄土真宗聖典全書』（全６巻）が編纂されました。

　明治時代に入り、本願寺教団をはじめとする仏教各宗は新た
な困難に直面することとなりました。明治新政府は、天皇制に
よる政治体制をめざし、神道国教化政策を採用したため仏教
を排除したのです。明治元年（1868）に祭政一致を基本方針
として神祇官を設けました。また同年には「神仏判然令（分離
令）」が出されています。これらの政策はやがて寺院への破壊
行為、いわゆる廃仏毀釈へとすすみ、全国の仏教寺院は大きな
打撃を受けました。この混迷した状況のなかで対応を迫られた
のが本願寺第20代宗主広如上人、本願寺第21代宗主明如上人
でした。

　広如上人から明如上人へと継職が行われた明治4年（1871）
以降、廃仏に対して本願寺教団の門信徒は一揆を起こして抵抗
するようになりました。これを「護法一揆」といいます。この
抵抗に対し政府は方針転換を行い、明治5年（1872）に教部
省を設置し、「敬神愛国」をはじめとする「三条教則」を教
えることを義務づけるなどした教導職に僧侶も任命しました。
さらに明治政府は、大教院を東京の増上寺に設置し、地方に
中・小教院を置いて、神道国教化政策を強化しました。

　この明治政府による神道優位の宗教政策に対して、批判を加
えたのが島地黙雷、赤松連城らの本願寺派の僧侶でした。こ
うした活動に大谷派、高田派、木辺派の真宗各派も同調したこ
とで、明治8年（1875）に政府から大教院分離の許可が下り、
同年には国家神道政策に抵触しない限りでの信教の自由が認め
られました。

　明治政府による宗教政策の是正に取り組むと同時に、本願寺
教団の改革も進められました。明治9年（1876）には、先の

四派は合同で教団の基本法である「宗規綱領」を作り、政府に提出して認可されました。これは、従来の本末制を廃止することなどを要点とし、教団の封建的体質を除去し、近代化された教団への脱皮をはかるものでした。また、明治政府が明治5年（1872）に太陰暦（旧暦）から太陽暦（グレゴリオ暦・新暦）に暦の変更を決定したことをうけ、本願寺は旧来の行事を新暦に変更する決定を行っています。

　明如上人の代には、江戸時代においては組織的な伝道を行っていなかった北海道、鹿児島への伝道活動が展開されました。また、日本の国際的進出とともに、アジア各地やハワイ・アメリカに日本人居住者が増加し、海外にも別院や布教所が設置されるようになりました。明治初期の混乱のなかで本願寺教団を護持運営されていた明如上人は、明治36年（1903）に往生されました。このとき、明如上人の長男であり、本願寺第22代宗主鏡如上人は、インドのコルカタ（カルカッタ）に滞在中でした。そのため、明如上人の葬儀は鏡如上人の代理がたてられて行われました。鏡如上人の帰国後、明治36年5月1日、本願寺において伝灯奉告法要が厳修されています。

　鏡如上人は、明治35年（1902）から大正3年（1914）までの期間に、3度にわたり仏教伝播の道を明らかにすることを目的として、大谷探検隊とも呼ばれる中央アジアの仏教遺跡の調査を行いました。鏡如上人の私的事業として行われましたが、探検隊による将来品は、現在、中国（旅順）、韓国（ソウル）、日本（東京）の各博物館や龍谷大学図書館に収蔵されています。

第二次世界大戦後の宗門の歩み
勝如宗主以降

　近代以降、日本はいくつもの戦争を経験しました。明治期の日清戦争、日露戦争、昭和期の第一次世界大戦、第二次世界大戦などです。このなかで本願寺教団を含む仏教教団は多大な影響を受けました。例えば、昭和12年（1937）、政府は宗教教団に戦争協力を強く求め、昭和14年（1939）に宗教団体法を制定して、宗教団体へ統制を強化していきました。そのため、教団も政府の戦争拡大に対応して、さまざまな取り組みを組織的に行いました。こうした混迷した状況のなかで本願寺教団の護持運営に尽力されたのが本願寺第23代宗主勝如上人でした。

　第二次世界大戦が終わり、日本では戦前の反省から民主化への道を進んでいきます。本願寺教団では、昭和22年（1947）に「宗制」と「宗法」が施行されました。昭和25年（1950）には、僧侶議員だけで構成されていた宗門の立法機関である宗会に門徒議員も選出され、僧侶議員と同格の資格で審議に加わることとなりました。同年には、「同朋運動」が提唱され、浄土真宗本願寺派同朋会が設立されました。

　同朋会の活発な活動は、親鸞聖人700回大遠忌法要の記念事業として、昭和35年（1960）の財団法人「同和教育振興会」の設立へとつながり、部落差別問題が本願寺教団全体の課題となりました。

　昭和36年（1961）の「親鸞聖人700回大遠忌法要御満座のご消息」では、全員聞法・全員伝道の理念や社会に向き合った取り組みへの重要性が強調されました。これを受けて翌年、「門信徒会運動」が提唱され、巡回相談員の設置や仏教壮年会の結成などが宗門の運動として展開されはじめました。

　昭和46年（1971）には、宗門に同朋運動本部・門信徒会運

動本部が設置されます。やがて、宗門として一体的に取り組みを進めていく必要も生じました。そうしたなか、昭和55年（1980）、本願寺第24代宗主即如門主の法灯伝承にあたり「教書」が発布され、そのなかで「基幹運動」という呼称が公式に用いられます。昭和60年（1985）に同朋運動・門信徒会運動を推進する「基幹運動本部」が設置され、翌年には「基幹運動計画」が作成されます。運動体制が整えられ、今日の「御同朋の社会をめざす運動」（実践運動）へと受け継がれています。

「教書」発布の翌年、昭和56年（1981）、宗門は東京都千代田区にある「国立千鳥ヶ淵戦没者墓苑」において「全戦没者追悼法要」を修行し、「非戦・平和」問題への取り組みが本格的に進み始めました。宗門では、終戦後すぐに「平和記念法要」という名前の追悼法要を始め、昭和27年（1952）に「戦没者追悼法要」と名称を変更して継続していましたが、こうした法要と異なり「全戦没者追悼法要」は、全世界のすべての戦争犠牲者を対象としたことに特徴があります。

平成20年（2008）には「宗制」が改正されました。それを受け、第24代宗主即如門主は、「浄土真宗の教章（私の歩む道）」（→〔14〕頁）を制定されました。「教章」には、次のように示されています。

この宗門は、親鸞聖人の教えを仰ぎ、念仏を申す人々の集う同朋教団であり、人々に阿弥陀如来の智慧と慈悲を伝える教団である。それによって、自他ともに心豊かに生きることのできる社会の実現に貢献する。

仏教教義

　ご親教『念仏者の生き方』（→〔2〕頁）の冒頭に次のお示しがあります。

　仏教は今から約2500年前、釈尊（しゃくそん）がさとりを開いて仏陀（ぶっだ）となられたことに始まります。わが国では、仏教はもともと仏法（ぶっぽう）と呼ばれていました。ここでいう法とは、この世界と私たち人間のありのままの真実ということであり、これは時間と場所を超えた普遍的な真実です。そして、この真実を見抜き、目覚めた人を仏陀といい、私たちに苦悩を超えて生きていく道を教えてくれるのが仏教です。

仏教という言葉の意味

　「仏教」という漢語が出てくる初期の経典に『長阿含経（じょうあごんぎょう）』があります。その漢訳に相当するパーリ語経典の箇所では、"dhammī kathā"と記され、「法の話」と訳されます。このことから仏教という言葉には、おおよそ次の三種の意味が含まれていると考えられてきました。

　一つ目は、「仏である釈尊の説く法」という意味です。
　二つ目は、仏とは、縁起の法を得たことですから、「仏そのものが法」という意味です。
　三つ目は、その法を体得した仏になることが目的ですので、「仏になるための法」という意味です。

　いずれにしても、真実の法が仏教の根幹です。仏法という言葉が仏教本来の意味といえましょう。

　なお、親鸞聖人ご在世当時の日本では、仏教を仏法と呼ぶことが一般的であったようです。

　親鸞聖人も「正像末和讃」では、「南都北嶺の仏法者」（→註、619頁）と他宗の僧侶を呼ばれ、『尊号真像銘文』では、「この世の仏法者」（→註、668頁）、「親鸞聖人御消息」では、「念仏者をば仏法者のやぶりさまたげ候ふなり」（→註、791頁）と、現代人が使う仏教者と同じ意味で、仏法者という呼び方をされています。

本願寺の仏具② ― 燭台と台

御正忌報恩講などで使用する仏具。御影堂の須弥壇上勾欄の外側に台を設置し、その上に燭台を置く。

memo

階級制度の思想

およそ今から3000年前、古代インドでは、自らをアーリア人（高貴な人）と呼ぶ人びとが肌の色（ヴァルナ）による階級制度を基本とした宗教を信奉していました。いわゆるバラモン教です。このアーリア人の祖先は、黒海とカスピ海の間に位置するコーカサス地方に住んでいたといわれています。何らかの事情で3500年前に移動を開始して、インド北西のヒンドゥークシュ山脈を越えインド亜大陸に進入した人びとです。

彼らは、多数のデーヴァ（神・天）を信仰し、人間や生物の霊魂であるアートマン（我）は永遠に生まれ変わりを繰り返すとする輪廻の思想によって、人間界での階級制度を確立していきました。それは、次のものです。

バラモン	神に仕える司祭階級
クシャトリア	王族・武士階級
ヴァイシャ	一般庶民
シュードラ	隷民

この宗教的階級制度によって、パンジャブ地方に定住したアーリア人たちは、肌の色の違う原地の人びとを精神的にも支配下におき隷民にしました。

この制度は「カースト制度」（「ヴァルナ制度」）などと呼ばれ、漢語で四姓と訳されます。

ここで説かれる輪廻の思想では、バラモン、クシャトリア、ヴァイシャの3階級に生まれた人びとは、生前の善い行い（カ

ルマ・業）によって、来世では一段上位に生まれることができるとするものでした。ただし、シュードラと悪い行いをした人は苦しみを受ける世界に転生するのですから、ほとんどの人びとは永遠に苦しみから逃れることができないことになります。この宗教思想は、やがて、最古の聖典である『リグ・ヴェーダ』と、それに続く『サーマ・ヴェーダ』『ヤジュル・ヴェーダ』『アタルヴァ・ヴェーダ』によって確定的になります。そこで、その永遠に続く苦しみから逃れる道が求められ、ウパニシャッド（奥義書）という哲学書が生まれ、アートマン（我）が輪廻から解脱するためには、ブラフマン（梵）と呼ばれる宇宙の根本原理と一つになること（「梵我一如」）が必要と考えられるようになりました。

自由思想家

ウパニシャッド哲学が生まれて数百年ほど経った頃、ヴェーダに権威を認めない自由な発想をする宗教家や思想家たちが現れ、苦しみが永遠に続く輪廻からの解脱法を人びとに教えるようになりました。

その時代に釈尊が誕生されましたが、後に仏教から六師外道といわれる６人の特徴的な自由思想家もいました。

そのなかの一人がニガンタ・ナータプッタであり、現代まで続いているジャイナ教の開祖です。

六　道

　釈尊誕生の時代のインドでは、四姓を基盤として生死を繰り返す輪廻からの解脱が求められていました。

　釈尊は、この永遠不滅のアートマン（我^が）を縁起の道理から否定し、輪廻からは四姓など成り立たないことを明らかにしました。

　そもそも、親鸞聖人が求められた「生死出づべき道^{しょうじいづべきみち}」（→註、811頁）における生死輪廻とはどのようなものであったのでしょうか。

　現代人の多くは、視覚や聴覚などで知ることのできるものしか信じないようです。そこで、人間の生きている世界には、心を持つものとして人間か動物しかいないと思っています。

　ところが、仏教の世界観では、人間の視覚で認識できなくても、心のあるもの（有情）が生きていると考えられています。それらは四種の世界に大別されます。

　　「天（デーヴァ）」　人間よりも自由に楽に生きているとする神々の世界

　　「阿修羅」　神に近い存在で戦いを好むものの世界

　　「餓　鬼」　いつも飢えた状態で苦しむ死者の世界

　　「地　獄」　極めて苦しい責めを受ける地下の牢獄にいる死者の世界

　これら四種の世界が、視覚で認識できる「人間界」や人間以外の生物の世界である「畜生界」と共にある迷いの世界です。

通常、苦から楽への順に、地獄・餓鬼・畜生・修羅・人間・天上とし、合わせて「六道」と呼ばれます。

　これこそが、親鸞聖人の教えのもとになる煩悩による行い（業）によって輪廻転生する生死の世界です。

四　生

　また、これらの世界の誕生の仕方に四種あるとも考えられました。

「胎　生」　母の胎内から生まれます。
「卵　生」　卵から生まれたように見えます。
「湿　生」　湿気から生まれたように見えます。
「化　生」　何もないところから突然生まれたように見えます。

　これらを合わせて「四生」とします。

　六道にあてはめますと、胎生は、人間と畜生。卵生は、畜生。湿生は畜生。化生は、地獄・餓鬼・阿修羅・天ということになります。

　仏教では、これら六道輪廻を続けるかぎり苦しみは尽きないと説きます。

　ただし、この輪廻も縁起の道理から起きているのであって、そのことを明らかにするために釈尊は十二縁起（→A、28頁）を説かれました。

　私たちが生死輪廻するのは、自らの行いが原因です。その行いを業といいますが、それは精神的なものである「思業」と、肉体的なものである「思已業」に分けられます。已とは終わることですから、思已業とは、思い終わった後の業ということです。

　また、精神的行為を「意業（心業）」とし、身体上に現われるすべての行為を「身業」とし、さらに、言葉に表れる言語活動を、口や文字を主としますので、「口業（語業）」とします。合わせて「三業」と呼びます。

　なお、業には、善の業と、悪の業と、善でもなく悪でもない善悪無記の業がありますから、それぞれを善業・悪業・無記業と分類できますが、その内、悪業は口業が多く、妄語・両舌・悪口・綺語の四種を具体的に掲げます。また、身体的には身業の偸盗・邪淫・殺生の三種、そして、それら口業身業という思已業の元になる意業には、貪欲・瞋恚・愚痴（邪見）の三種を挙げ、合わせて「十悪（十不善業）」とします。したがって、これら不善を起こさない十の善業を仏教で勧めることになります。これを「十善（十善業）」といい、不殺生・不偸盗・不邪淫・不妄語・不両舌・不悪口・不綺語・不貪欲・不瞋恚・不邪見とします。

　さらに、仏教では、行為の結果がすぐに現れないという現実から、時間論から分析し、「三時業」という概念を立てます。すなわち、業因による果報（業報）を受ける時期による相違から、「順現法受業（現世において受けるべき業）」・「順次生受業（次の生で受けるべき業）」・「順後次受業（三回目以降の生において受けるべき業）」という考えに至ります。また、これらの

54

業は報いを受ける時期が定まっているので「定業」といいますが、報いを受ける時期が定まっていないものを「順不定業」といい、これら三時の定業に「不定業」を加えて「四業」とします。これらの業によって、私たちは苦を受けるというのです。

真宗と業

ただし、業は私たちの苦を生むものだけではありません。仏にさせてくださる清らかな業もあります。

「正信偈」では「本願名号正定業」と記されています。南無阿弥陀仏という名号は、浄土往生を決定させる阿弥陀如来の業であるとされ、『尊号真像銘文』では、「『本願名号正定業』といふは、選択本願の行といふなり」（→註、671頁）と示されます。また、その業のはたらきを善導大師の解説を『教行信証』に引用し次のように示されます。

> 一切善悪の凡夫、生ずることを得るは、みな阿弥陀仏の大願業力に乗じて増上縁とせざるはなし
>
> （→註、168～169頁）

さらに『教行信証』では、次のように名号が私たち悪業の凡夫に施されると示されます。

> 如来の至心をもつて、諸有の一切煩悩悪業邪智の群生海に回施したまへり　　　（→註、231頁）

memo

苦は悪業（あくごう）によって受けます。

　それらを受けるところの私たちの苦は、通常、四苦と八苦で説明されます。

　四苦とは、老・病・死と、それらの因である誕生自体が苦であるという認識から、生苦（しょうく）・老苦（ろうく）・病苦（びょうく）・死苦（しく）と呼ばれる四種のことです。

　これらに、愛別離苦（あいべつりく）・怨憎会苦（おんぞうえく）・求不得苦（ぐふとくく）・五蘊盛苦（ごうんじょうく）（五陰盛苦（ごおんじょうく））の四種の苦を加えて八苦とします。（→Ａ、30頁）

　このなかで特別に注意しておく必要があるのは、愛別離苦です。愛とは渇愛（かつあい）です。そのため愛の対象が人間とは限りません。財産はもとより地位や名誉と別離することも苦しみとなるのです。したがって、逆の苦しみである怨憎会苦は、それらを嫌悪しても逃れられない苦しみのことです。

　また、五蘊盛苦は五取蘊苦（ごしゅうんく）とも言います。取とは執着（しゅうじゃく）、煩悩のことです。五蘊が盛んである苦しみとは、私が五蘊仮和合（ごうんけわごう）していることによって起こる煩悩の苦しみです。すなわち、生苦・老苦・病苦・死苦は五蘊によるものであるということを示しています。（→Ａ、34頁）

真宗と苦

　この八苦について、善導大師が、『観経』のご文を『観経疏（かんぎょうしょ）』で説明して次のようにお示しです。

　「五苦所逼（くしょひつ）」といふは、八苦のなかに生苦（しょうく）・老苦（ろうく）・病苦（びょうく）・死苦（しく）・愛別苦（あいべつく）を取（と）りて、これを五苦（く）と名（な）づく。さらに三苦（く）を加（くわ）ふればすなはち八苦（く）となる。一には五陰盛苦（おんじょうく）、二に

は求不得苦、三には怨憎会苦、総じて八苦と名づく。この五濁・五苦・八苦等は六道に通じて受く、いまだなきものあらず。つねにこれを逼悩す。もしこの苦を受けざるものは、すなはち凡数の摂にあらず　　　　　（→註七、393頁）

　私たち人間は煩悩悪業によって、六道に輪廻し、四苦、五苦、八苦を受けているのです。この苦しみを除くのが南無阿弥陀仏の本願名号なのです。そのことを凡夫の代表としての韋提希に説かれたのが釈尊です。次のように『観経』に記されています。

　仏、阿難および韋提希に告げたまはく、「あきらかに聴け、あきらかに聴け、よくこれを思念せよ。仏、まさになんぢがために苦悩を除く法を分別し解説すべし。なんぢら憶持して、広く大衆のために分別し解説すべし」と

（→註、97頁）

本願寺の仏具③ ― 御影堂御真影前「仏飯台」

普段、使用されている仏具。

御正忌報恩講で使用されている仏具。打敷をかけて使用。

仏　身

「仏」とは、歴史上では、約2500年前にインドに誕生された釈尊のことです。

ただし、「仏身」としていえば、人間として誕生されたのですから、人間として死ぬ生身（しょうしん）です。とはいえ、仏は縁起の法を体得されたのですから、姿は生身ですが、その本体は法そのものです。この本体としての法を仏の「法身（ほっしん）」といいます。

親鸞聖人は、阿弥陀如来の本体は法そのものですから、法身とされ、色もなく形もない真如であると明かされます。その法身の仏が、法蔵菩薩となり、四十八の誓願を起こされ修行して願いが報われた身が阿弥陀如来です。そこで、阿弥陀如来としての姿は願いに報われた身であることから「報身（ほうじん）」の仏とされます。しかし、凡夫の私たちには、色や形を持つ身でしか他力の法が伝えられません。そこで、私たちに応じた形のある釈尊の姿で現れました。この姿が「応身（おうじん）」です。また、私たちに応じて変化された姿なので「変化身（へんげしん）」、あるいは「化身（けしん）」「応化身（おうげしん）」ともいわれます。

法（ダルマ）

「法」という言葉にはいくつもの意味があり、経典に「法」と記されていても、そのつど文脈から意味を判断する必要があります。大別すれば、次の二つの意味になります。

①法則・規則・真理など
②物・事象など

58

　例をあげますと、諸行無常・諸法無我・涅槃寂静は「三法印」（→A、33頁）と呼ばれますが、三法印という呼び方での「法」は①の意味です。それに対し、三法印のうちの「諸法無我」の「法」は、②の意味です。

　また、三宝（→A、24頁）の仏・法・僧の「法」も①の意味ですが、この「法」は釈尊が説かれた法でもありますので、教えの意味も持ち、経典に説かれる教えのことをさす場合もあります。

本願寺の仏具④ ― 常香盤

普段、阿弥陀堂に設置されている仏具。常にお香を供えるために使用する。

根本分裂

　釈尊が入滅されて以来、経と律とを依りどころとして教団が続いていましたが、100年ほど経った頃に、意見の相違をめぐって対立が起き、教団が大きく二つに分裂しました。これを「根本分裂」といいます。そのきっかけについては、大乗仏教に伝わったもの（北伝）と上座部仏教に伝わったもの（南伝）とでは異なります。北伝では大天という比丘が主張した阿羅漢の解釈の相違を中心とした五事（五つのこと）とし、南伝では比丘の生活の解釈の相違を中心とした十事の非法とされます。この根本分裂の結果、教団は進歩的な大衆部と保守的な上座部とに分かれます。（→A、36頁）

部派仏教

　現在の仏教は、インドからチベット・中国・朝鮮・日本へと伝わった北伝の大乗仏教と、インドからスリランカ・タイ・ミャンマー・カンボジア・ラオスへと伝わった南伝の上座部仏教（この「上座部仏教」とは、上記で示した根本分裂によって分かれた上座部と同じものではありません）とがあります。

　また、大乗仏教も紀元前後に起きてきたものであり、一つの部派から誕生したものではありません。部派仏教のめざす灰身滅智や「空」の理解などを批判して、それを小さな乗り物（小乗）と呼んだ比丘たちを中心として起きてきたと考えられています。

　なお、北伝の世友造・玄奘訳『異部宗輪論』には、次の20の部派が紹介されています。

大衆部系統
大衆部・一説部・説出世部・鶏胤部・多聞部・説仮部・
制多山部・西山住部・北山住部

上座部系統
雪山部（旧の上座部）・説一切有部・犢子部・法上部・
賢冑部・正量部・密林山部・化地部・法蔵部・
飲光部・経量部

アビダルマ（阿毘達磨）

　部派仏教の「論」をアビダルマといいます。すでに第一結集において経と律とが編纂されていましたが、釈尊が入滅されてから論議された仏の教説についてまとめる必要がありました。それらの論議をまとめたものが「論」です。ここに、経と律と論の「三蔵」が整うことになったのです。

　部派でめざすさとりとは、利他を行う仏のさとりではなく、二度と輪廻することのない、身体と心がともに「無」となる状態のことです。これを「無余涅槃」、「灰身滅智」といいます。「無余涅槃」に至るまでの身体の有る状態を「有余涅槃」といい、ここにたどり着いた比丘を「阿羅漢」といいます。

　なお、部派で勢力のあった説一切有部の教義では、すべてのものが「極微」とよばれる、素粒子のような微小なものでできており、それには実体がないことを「空」とします。その代表的論書が、世親（天親）菩薩の『阿毘達磨倶舎論』です。

空

　「空」の思想が説かれるのは、「般若経」系の多くの経典類です。この経典のひとつに鳩摩羅什訳『摩訶般若波羅蜜経』があります。龍樹菩薩はこの経典に対する註釈書として『大智度論』を著されました。

　特に「空」については、『中論』を著され、大乗仏教における「空」を説明されます。それは次のようなものです。

　私たちがイメージできるすべてのものは、冷温・遅速・長短・軽重・主従・因果・主客・師弟・親子などのように、異なるもの同士が依存し限定しあうことで相対的に成り立っています。

　そのため、どちらか一方が欠けると、もう一方も成り立たなくなります。あらゆるものは、それ自体として実体的に独立して存在しているのではありません。

　独立した実体を「自性」といいますが、その「自性」は本来存在しないものなのです。それゆえ、龍樹菩薩はすべてのものは、「無自性」であるといい、それを「空」といい、「縁起」（→A、26頁）であるとします。

　私たちの世界のすべては、「無自性」であるものに名称が仮につけられているのであって、私自身も「仮名」なのです。

　また、すべてのものは、仮に設けられているので「仮設」であり、仮に説かれているので「仮説」なのです。すべてのものは「縁起」として存在しているのにすぎないのですから、実体的に表現することはできないことになります。

中　観

　このように、すべてのものは、私たちが思うように存在するものではないので、『中論』冒頭の偈頌では、

　不生にして亦た不滅、不常にして亦た不断、
　不一にして亦た不異、不来にして亦た不出、
　能く是の因縁を説き、善く諸の「戯論」を滅す、我稽首して仏に礼す。諸説 中 第一なり。

と、「八不中道」をもって示されます。

　私たちが日常で使っている概念やイメージ、それらは、「戯論」にすぎないので、それを滅したところに真実があるとされるのです。これが、「中観」というものの見方であり、その道こそが「中道」であるというのです。

　ここでいう「戯論」とは、戯れの論議や、意味のない論議というものではありません。先に述べたように、すべてのものが「仮名」であり、「仮設」であり、「仮説」であるのに、ものにとらわれて理解しようとすることです。

　龍樹菩薩の説かれた「中道」を、親鸞聖人は「正信偈」に、

　龍樹大士世に出でて、ことごとくよく有無の見を摧破せん。大乗無上の法を宣説し　　　（→註、204〜205頁）

と示されています。

63

　　2〜3世紀頃に龍樹菩薩によって明らかにされた「空」の考えを発展させて、私たちの認識対象はすべて心が作り出したものであると説くのが唯識説です。

　　その考えを学ぶにあたって、最初に部派仏教における「空」の理解がどのように否定されるのかを考えます。

　　部派仏教では、すべてのものは極微（→61頁）の集まりであり、あらゆる存在は分解すれば極微になるので実体がない、それが「縁起」であり「空」であるとの理解です。

　　ここで問題となるのは、虚無に無限に近い極微という考えです。どれほど無に近くとも無ではないのです。それは、実体ではないのでしょうか。

　　また、極微が私たちに認識できないことを前提とした最小単位とすれば、認識できないものがいくら集まっても私たちに認識できないのです。しかし、現実には、私たちに認識できる物があるのです。にもかかわらず、それは認識できない存在であるということになります。

　　このように、論理的矛盾によって部派仏教の「空」理解は否定され、一切のものは、仮名、仮設、仮説にすぎず、縁起として存在することが「空」であり、中道であるとされ、存在と認識の関係性が論議されることになります。

　　この認識に対する論議は4〜5世紀頃、兄弟である無著菩薩と世親（天親）菩薩により体系化されます。

唯　識

　　唯識説は、「唯識無境」（諸法は識のみ）と説きます。

　　私たちが認識できるすべてのものは、そこにそのものがある

からではなく、私の心が求めるもの、または嫌うものを作りだしているにすぎないとするのです。

　仏教では、認識を六種に分けて六識としますが、その対象も六種となり六境と呼びます。(→A、28頁) この六境を作りだす六識、すなわち、眼・耳・鼻・舌・身・意の根底に、それらを統括している自我意識があると唯識説では考えます。この第七の識をサンスクリット語の「意」を意味する「manas (末那)」という言葉を用いて末那識といいます。そして、この自我意識を生み出す、根本の識を考え、すべての経験がここに蓄えられるという意味のサンスクリット語の「ālaya (阿頼耶)」という言葉で阿頼耶識ともします。

　そして、「すべての認識対象である諸法」は、この第八識である阿頼耶識から生じたものであり、「対象自体は存在しない」無境であると説きます。

種子生現行・現行薫種子

　なお、阿頼耶識には、一刹那ごとに経験されたことが種子として蓄えられます。ちょうど香りが身体に染み付くようなものです。このことを薫習 (薫習) と呼びます。また、この薫習された種子から末那識、並びに六識による存在が生じていますので、これらを現行とします。

　そして、そのことを種子生現行と呼び、また、現行からの薫習がありますので、現行薫種子と呼びます。

三 性 説

　無著菩薩の『摂大乗論』では、種子と薫習との関係を説明

するために、現実世界がどのように認識されているかを蛇と縄と麻の喩えをもって説きます。それは次のようなものです。

　　ある人が暗がりのなかを歩いていると蛇に出会います。彼は、恐怖を感じ、じっとしていましたが、いつまで経っても蛇は動きません。そこで、よく見るとそれは細長い縄でした。さらに近づいてよく見ると、その縄は麻でできていました。

　私たちは、毒蛇が恐ろしいものであるという経験による種子を阿頼耶識に熏習し、細長いものを蛇と見ているのです。それは、六識すべてについていえることです。眼に見えるもの、耳に聞こえるもの、そして触れるものから、心に思い浮かべるものまでのすべて、つまり、認識している存在の一切である六境すべてについていえることです。これが種子生現行ということであり、対象は本来存在しないので無境ということになります。

　次に、よく見ると、蛇の本体は縄であったのです。そこで、縄と知ったことにより蛇に対する恐怖心がなくなったのです。熏習が取り除かれたのです。つまり、蛇を縄と知ったのですから、蛇としていた対象が本来存在しないことになり、無境ということになります。

　さらに、麻を編んだものにすぎない縄を、用途によって縄と見ていることのまちがいを指摘します。すべてのものは、何らの区別も差別もないのです。すべては一つ、自他の分別がまったくないのです。つまり、認識する私も認識される対象もない

ので、無境であります。

　これら三つの無境のあり方をまとめて「三性説」といいます。

　最初に、蛇と見ることは、存在が主観的なものであるというあり方です。これを「遍計所執性」といいます。

　次に、縄と知るのは、存在は依存しあっているというあり方です。これを「依他起性」といいます。

　最後に、蛇でもなく縄でもなく麻であると悟るのは、存在そのものが真如というあり方です。これを「円成実性」といいます。

　ただし、どのあり方も固定されたあり方、すなわち自性がない、「空」ですので三無性でもあります。あわせて、「三性三無性」といいます。

瑜伽行と転識得智

　これら、唯識説に基づく修行として、禅定、つまりヨーガ（瑜伽行）がなされます。

　その修行者を瑜伽師と呼び、それによって得られた智慧は、煩悩に汚れた識を転じて得られたものですから、転識得智といわれます。

　中国へ仏教が伝えられ漢訳された経典は阿含経典から大乗経典にいたるまで膨大なものです。まさに「八万四千の法門」と呼ばれるとおりです。

　釈尊の説かれた教えは、生死輪廻から解脱するために、縁起の法を悟り、仏となるためのものでした。そのため、「対機説法」と呼ばれるように、どのような方法で伝えようとも、相手に法が伝わればよいわけです。そこで、仏法が正しく説かれている散文（長行）、韻文（偈）は、すべて「仏説」と呼ばれ、経典として尊重されるようになりました。大乗仏教の経典が歴史的にみれば新しい時期に編纂されたとしても「仏説」であることは、このような事情でまちがいのないことです。

　しかし、中国においては、「仏説」の仏とは、歴史上の肉体を有した釈迦牟尼仏として扱われることが一般的でありました。そのため、経典はすべて釈尊がインド語で語ったものであるという前提で考えられ、釈尊一代の説法の時期について論議を呼び、また、各経典間の整合性を持たせる必要性が生じました。

　このことによって中国南北朝の時代頃からできあがってきたものが、「教相判釈（教判）」と呼ばれる経典の整理方法です。ただし、経典に説かれている教えの相を判別し解釈するためには、経典そのものの研究や、インドの論書の研究が必要になります。そのため、それらを研究するグループである学衆や学派が形成されることになり、その人たちが○○宗と呼ばれることになったのです。なぜなら、「宗」とは、「中心となるもの」の意味を持つ漢字だからです。

　例えば、『涅槃経』を研究するグループ（衆）は涅槃宗と呼

ばれ、『成実論』の研究者たちは成実宗、さらに、『十地経論』
研究者は地論宗、『摂大乗論』は摂論宗と呼ばれるようなこ
とです。

　このような研究グループを宗と呼ぶことが定着するなかで、
隋唐の時代には、経典名や論書名のみならず、教えを整理した
人や研究対象とした論書の数、そして教えそのものや修行法
などによって、多くの呼び方が生まれます。例えば、天台山
で『妙法蓮華経』を中心に教えを整理した天台大師智顗（538-
597）のグループは天台宗（法華宗）、『中論』・『十二門論』・
『百論』の三種の論を研究する人たちは三論宗と呼ばれ、唯識
について研究する人びとは、法相宗（唯識宗）、律の研究者は
律宗と呼ばれます。

　日本へは、これら中国で成立した各宗が遣唐船などで伝わり
ますが、奈良時代においては、真言宗を除いては、すでに中国
において成立していますので、南都六宗（三論宗・法相宗・華
厳宗・律宗・成実宗・倶舎宗）としてそれぞれの立場で研究す
る人びとがいました。

　その後、平安時代になって最澄と空海が中国から平安二宗
（天台宗・真言宗）を将来します。そして鎌倉時代には比叡山の
天台宗から浄土宗・臨済宗・曹洞宗・日蓮宗などが分離独立し
ますが、この頃には、単なる仏教の研究グループ（衆）ではな
く、信仰団体としての、現在の宗派のような意味合いで「宗」
が使用されるようになります。

天台宗は法華宗、あるいは天台法華宗ともいわれます。それは、中国天台山に住した天台大師智顗が『妙法蓮華経（法華経）』に基づく修行によって悟りを得て、『法華経』こそが真実であるとの観点で成り立つ教義だからです。智顗の講義は、弟子の灌頂（561-632）によって『妙法蓮華経玄義（法華玄義）』、『妙法蓮華経文句（法華文句）』、『摩訶止観』に筆録され、それら「天台三大部」によって教判である「五時八教判」が示されます。

五時判

五時八教判の五時とは、釈尊の成道を30歳とし、入滅を80歳とした50年間を5期に分けて、すべての経典を配当し、『法華経』が釈尊出世の本懐であることを示します。

①華厳時

成道後の三七日（21日）間に『華厳経』を説いた時期をいいます。さとりそのままを説く『華厳経』は非常に難解な内容です。聞き手にとって適宜かどうかをみるために、相手を仏の境地に擬えて説きました。これを「擬宜」といいます。

②阿含時（鹿苑時）

さとりそのままを説いたのでは理解できないので、菩提樹の下を去って鹿野苑に行き、未熟な人びとを真実へ誘い入れるために初歩的な声聞などのための『阿含経』を12年間説きました。これを「誘引」の阿含時とします。

③方等時

その後の8年間は方等時です。阿含の灰身滅智の空寂（分析的空観）などの、いわゆる小乗の教えにこだわる弟子（声聞）たちに、菩薩の種々の広大平等な大乗の教えによる経典を説いて、彼らを弾劾呵責し、自らを恥じて大乗を慕うように恥小慕大の心を起こさせました。これを「弾呵」とします。

④般若時

方等時において、大乗を求めるようになった弟子に対して、『般若経』によって「一切諸法皆空」と説いて、仏法に大小の区別はなく、阿含の教えが劣っているという考えを正しました。それが般若時の22年間です。ここで、仏法における誤った考えが淘汰されましたので「淘汰」とし、大小に開かれていた法が一つになりましたので「法開会」といいます。

⑤法華涅槃時

般若時に法は開会されましたが、いまだ声聞などの人たちは、それは菩薩の教えであって自分には関係のない教えであると思っていました。そこで、釈尊は8年間、真実の経、『法華経』を説かれます。さとりを得るのには、声聞・縁覚・菩薩の三乗それぞれに開いた方便の教えなど必要ではないのです。そこで釈尊は、『法華経』をもって一仏乗の教えを説かれたのです。このことを「人開会」といいます。

なお、さまざまな理由でこの法座に漏れた人びとのために、さらに入涅槃時の一日一夜、沙羅林で『涅槃経』も説かれましたので、この時を法華涅槃時とします。

八教判

五時八教判の八教とは、「化儀の四教」と「化法の四教」です。

「化儀の四教」とは、釈尊の説法教化の形式を四種に分類した次のものです。

①頓教

さとりの内容をただちに説くことです。

②漸教

さとりへ導くために、浅い教えから深い教えと少しずつ順序を追って説くことです。

③秘密教

秘密不定教のことです。秘密とは、多くの人の前で同じことを説いても、聞いている人には教えを聞いているのは自分一人であると感じる説き方です。この説き方で得る利益は人によって一定しませんので不定です。

④不定教

顕露不定教のことです。多くの人が同じことを聞いていると感じる説き方です。しかし、その人が凡夫であるか聖者であるかなどの違いによって受け取り方が一定ではありません。そこで、利益は不定です。

「化法の四教」とは、釈尊が教化された教法を内容から四種に分類したものです。

①蔵教

小乗教を天台宗では蔵教（三蔵教）と呼びます。蔵教は声聞・縁覚の二乗を正機とし、菩薩を傍機とします。観によって声聞は四諦、縁覚は十二因縁、菩薩は六度を修行して、見思の惑を断じ、再び三界六道に生を受けることがなくなるという灰身滅智（→60頁）を得ることをさとりとします。蔵教の観法は「析空観」と呼ばれています。

②通教

通教は、蔵教では傍機であった菩薩を正機とし、声聞・縁覚を傍機として説いた権大乗の教えです。通教の通とは、通じるという意味であって、この教えの「当体即空」の空の理が蔵教にも次の別教と円教にも通じるということです。

通教の観法は「体空観」と呼ばれています。

③別教

別教は、菩薩のみに説かれた教えです。蔵教や通教、円教とも違う教えですので別教といいます。

別教は、蔵教や通教が空の理のみを説くことに対して、空諦・仮諦・中諦の三諦を明かします。ただし、別教で説かれる空・仮・中の三諦は、互いに融合することなく、それぞれが隔たっていることから「隔歴の三諦」といわれ、一切の事物について差別のみが説かれて、融和が説かれていないという欠

陥があります。

④円教（えんぎょう）

　円教とは、十法界（十界）（じっぽうかい・じっかい）の一切が円満に融合した人間の思考を超えた存在であることを明かした教えであり、別教のように空・仮・中の三諦が孤立することはなく、一諦のなかにそれぞれ他の二諦を含み、一諦即三諦（いったいそくさんたい）・三諦即一諦（さんたいそくいったい）の関係が説かれています。これを「円融の三諦（えんにゅう・さんたい）」といいます。

　この円教である『法華経』に説かれる教えによって一切を見た境地こそが「さとり」です。つまり、人の日常心（「一念」）に、三千に分析される一切法のすべてのあり方が含まれている（「一念三千（いちねんさんぜん）」）とされ、一切法が真実相（「諸法実相（しょほうじっそう）」）とする天台教義が展開されるのです。

本願寺の仏具⑤ ― 祖壇の「前卓」

大谷本廟祖壇を荘厳する前卓。脚部が鬼面になっているのが特徴です。

性具と性起

　日本仏教では、天台教義と華厳教義が似ているので、両者を比較して説明することが一般的です。

　そこでいわれるのは、天台が「性具の法門」であり、華厳が「性起の法門」であるということです。

①性具の法門

　地獄・餓鬼・畜生・修羅（阿修羅）・人（人間）・天（天上）の六道を「六凡」といい、声聞・縁覚・菩薩・仏を「四聖」といいますが、合わせて「十法界（十界）」とします。天台では、地獄にも仏などの他の九界を具し、他の九界もそれぞれ他の九界を具すとします。これが「十界互具」という考えです。つまり、現象世界のすべてのものが、他のすべてになりうるということです。ですから、地獄の衆生も仏になることができるのです。これによって天台の教えは「性具の法門」といわれます。

②性起の法門

　性起とは、真如・法性が生起してすべての現象世界があるとするもので、「一即一切」「一切即一」という四種法界説による華厳教義の特徴を表す言葉です。これによって華厳の教えは「性起の法門」といわれます。

華厳宗は、『大方広仏華厳 経 （華厳 経）』こそ、円満、円融であり、完全な教えであると教相を判釈した智儼（602-668）、法蔵（643-712）の教義をもとに体系化されました。日本では、聖 武天皇（724-749在位）が東大寺を建立したことからも、華厳宗が南都六宗の中心的存在であったことがわかります。華厳教義には多くの説を有しますので、ここでは代表的なもののみを紹介します。

同別二教判

華厳宗では、『華厳経』の教説を「海印三昧一時炳現」の法と呼び、この経を「称 性の本 経」とします。『華厳経』は、静まりかえった大海にすべての現象がそのまま明らかに映し出されるような仏の三昧の境地、すなわち法性を説きます。法性に称ったものなので根本の経とするのです。

『華厳経』に対してその他の経を「逐機の末 経」とし、衆生の根機に応じて説かれたものなので枝末の経にすぎないとします。

そこで、声聞乗・縁覚乗は説かず、一仏乗のみを説く『華厳経』が特別な教えなので「別 教 一 乗」であるとし、『法華経』などの一乗を説く経典を三乗に同調するので「同 教 一 乗」と呼んで区別します。なお、この同教は別教より流れ出たものであり、再び別教に帰して同ずるものでもあるとします。これが「同別二教 判」です。

五教十宗判

「五教 判」は、釈尊一代の教法を5種に分類したものです。

①小乗教

「我空法有」を説く『阿含経』や阿毘達磨などによる小乗（部派）仏教の教えです。

②大乗始教

我空も法空も説く大乗に入った初の段階の教えです。声聞・縁覚は成仏しないとする唯識説の法相宗などを「相始教」とし、理（真如）と事（現象）との関係を説かない中観を「空始教」とします。

③終教

大乗の終極の教えで、あらゆる衆生には仏性があると説く『大乗起信論』などの如来蔵の説にあたります。ここでは、理と事との関係が説かれます。

④頓教

一挙に真理をさとる教えであり、『維摩経』などにあたります。

⑤円教

理と事が無礙でありながら、さらにすべての現象が個別性を保ちつつ互いに融合しているという「事々無礙法界」が説かれる華厳の教えを指します。

　「十宗判」は五教をさらに深く分類して、それぞれの中心と
なる説によって十宗とします。

　　①我法俱有宗　　小乗　犢子部などの説
　　②法有我無宗　　小乗　説一切有部などの説
　　③法無去来宗　　小乗　経量部などの説
　　④現通仮実宗　　小乗　説仮部などの説
　　⑤俗妄真実宗　　小乗　説出世部などの説
　　⑥諸法但名宗　　小乗　一説部などの説
　　⑦一切皆空宗　　大乗　始教の空始教の説
　　⑧真徳不空宗　　大乗　終教の如来蔵の説
　　⑨相想俱絶宗　　大乗　頓教
　　⑩円明具徳宗　　大乗　円教

　※小乗とは大乗からの差別的な呼称ですが、教義上「小乗」
　　を使用しています。（→60頁）

四種法界説

　海印三昧の境地とは、仏の一心に「すべてのもの（法界）」
が映し出されたことです。この法界を「一心法界」とも「一真
法界」とも呼びますが、その法界はすべてが円かに融合する円
融無礙で、これを「法界縁起」とも「無尽縁起」とも呼びま
す。そこで、澄観（738-839）はこの法界を四種に分類して真
実の法界を説明しました。それが「四種法界説」です。

①事法界

　私たちの世界に起こっている事象の一つひとつを、そのまま

区別していく立場のことです。

②理法界
<ruby>理<rt>り</rt></ruby><ruby>法<rt>ほっ</rt></ruby><ruby>界<rt>かい</rt></ruby>

　私たちの一つひとつの事象は、すべて同一性のある自性のない空であるとの縁起の道理から見る立場のことです。

③理事無礙法界
<ruby>理<rt>り</rt></ruby><ruby>事<rt>じ</rt></ruby><ruby>無<rt>む</rt></ruby><ruby>礙<rt>げ</rt></ruby><ruby>法<rt>ほっ</rt></ruby><ruby>界<rt>かい</rt></ruby>

　私たちの世界の事象は、個別に見ることができるが、真如、縁起の道理として存在しているので、「理即事」、「事即理」としてさとる立場です。

④事々無礙法界
<ruby>事<rt>じ</rt></ruby><ruby>々<rt>じ</rt></ruby><ruby>無<rt>む</rt></ruby><ruby>礙<rt>げ</rt></ruby><ruby>法<rt>ほっ</rt></ruby><ruby>界<rt>かい</rt></ruby>

　理事無礙であるとさとることによって、私たちの世界の一事象が他の事象と一つに融けあい、事象と事象とが礙げ無く交流する世界であるとさとることになります。すなわち、「一即一切」「一切即一」であることが明らかになる境地です。

法相宗の宗名は、すべての存在（諸法）の本質（性）と現象（相）を明らかにすることから名づけられたものです。その教義は、唯識を根幹としますので唯識宗とも呼ばれます。

インドで世親（天親）菩薩によって体系化された唯識説は、その後、護法（539-561）などの十大論師と呼ばれる方々によってますます盛んになります。

この時代のインドへ中国から玄奘（602-664）が留学し、護法の弟子の戒賢（529-645）から唯識を学びます。

そして、中国に戻り、『成唯識論』を訳出して、唯識教義の体系化を法相宗の開祖となる弟子の慈恩大師基に托したのです。

三時教判

法相宗では、釈尊一代の教説を三時に分け、『解深密経』に基づく唯識こそが勝れた教説であるとして三時教判を立てます。

①初時（第一時）

「我空法有」の「有教」が説かれたときとし、『阿含経』に説かれた四諦がそれであるとします。

②昔時（第二時）

「我法二空」の「空教」が説かれたときとし、『般若経』に説かれた無自性空（→62頁）がそれであるとします。

③今時（第三時）

「非有非空」の「中道教」が説かれたときとし、『解深密経』や『華厳経』に説かれる唯識中道真実の「了義教」がそれであるとします。したがって、初時と昔時には真実が完全には説かれていない「未了義教」を説かれたとされるのです。

五姓各別

唯識教義の主要な内容は、すでに「唯識」（→64頁）のところで説明しましたので、ここでは、一乗に対して三乗を主張する法相宗教義についてのみ紹介しておきます。

衆生すべてが成仏することを説く一仏乗の思想は、華厳教義や天台教義の中心的な教説ですが、法相教義では、声聞・独覚（縁覚）・菩薩の三乗を基準にして成仏するかいなかに五種の区別をつけます。これを「五姓各別」（「五性各別」）といいます。

唯識説では、眼・耳・鼻・舌・身・意の六識の他に第七末那識と第八阿頼耶識を立てますが、この阿頼耶識には種子が蓄えられているとします。（→65頁）

そして、この種子には、

　　生まれつきある種子である　　「本有種子」
　　経験による種子の　　　　　　「新薫種子」
　　煩悩のある種子である　　　　「有漏種子」
　　煩悩のない種子の　　　　　　「無漏種子」

があるとします。

そこで、これらの種子を判断基準として組み合わせを作り、

有情（衆生）を次の五種に分けます。

①声聞定姓（しょうもんじょうしょう）

声聞の悟りである阿羅漢果を開く無漏種子だけを持つもの。

②独覚定姓（どっかくじょうしょう）

独覚の悟りである辟支仏果（びゃくしぶっか）を開く無漏種子だけを持つもの。

③菩薩定姓（ぼさつじょうしょう）

菩薩の悟りである仏果を開く無漏種子だけを持つもの。

④不定種姓（ふじょうしゅしょう）

声聞・独覚・菩薩のうち二種以上の無漏種子をあわせ持っていて、まだどの悟りを開くか定まっていないもの。

⑤無性有情（むしょううじょう）

無漏種子を持っていないので、どんな悟りも開けないもの。

本願寺の仏具⑥ ― 香卓

御影堂余間に設置されている「香卓」。

色法と心法

『倶舎論』を研究する倶舎教義は、日本では法相宗に付随して学ばれました。倶舎教義と唯識教義の特徴的な違いは、諸法を分類するに当たり、色法を中心とするか、心法を中心にするかであります。なお、ここでの法とは、性相を持つものを指しています。

そもそも、『倶舎論』は説一切有部の考えを基礎にしたものですので、極微が常にあるものとして「三世実有・法体恒有」を説きます。（→61頁）

そこで、倶舎では、物質的な色が心から離れたものとし、その色を対象にして心に認識が生じるとするのです。これを「法相生起の次第」といいます。

それに対し、唯識では、色は心から現れたものとし、心を離れた色の存在を認めません。これを「唯識転変の次第」といいます。

このことから、諸法を分析し分類した「五位」という項目では、倶舎では五位七十五法の最初に色法をあげ、唯識では五位百法の最初に心法の心王をあげるのです。

①倶舎の五位七十五法
　　1、色法（11）　2、心王（1）　3、心所法（46）
　　4、不相応行法（14）　5、無為法（3）

②唯識の五位百法
　　1、心王（8）　2、心所法（51）　3、色法（11）
　　4、不相応行法（24）　5、無為法（6）

　漢訳大乗経典では密教の呪術的な文言を「呪」と記すことが一般的です。

　この呪は、「真言（mantra）」と「陀羅尼（dhāraṇī）」に分けて考えられます。ともに、民間信仰としてのバラモン教において用いられてきたものであります。真言は祭祀において用いられた短い語句のことです。陀羅尼は「総持」とも訳され、精神統一して、一音・一句・一文をもって経典を代表させて功徳を得ると考えられるようになりました。密教においては区別なく「真言陀羅尼」として用いられます。

　インドでは、4世紀頃に『孔雀王呪経』や『護諸童子陀羅尼経』などの経典が現れます。その後、7世紀になると、本格的な密教経典である『大日経』・『金剛頂経』が成立し密教の最盛期を迎えます。しかし、13世紀のインドでの仏教が終焉するにともない密教も途絶えます。

　密教とは秘密教のことであり、顕教に対して深遠なさとりは言葉では説明されないものであるとされます。つまり、真言陀羅尼の読誦などの神秘的・呪術的な方法を用いてさとりに到ろうとするものです。

　日本には、最澄（767-822）と空海（774-835）によって密教がもたらされました。最澄は天台を学ぶために入唐したのであり、本来密教を持ち帰る目的ではありませんでした。これに対し、空海は密教を学ぶ目的で入唐し、純粋な密教の教えを持ち帰ったので、その教えを「純密」と呼びます。また、前者は「台密」、後者は「東密」と分けて呼ばれています。

　なお密教では、「曼荼羅」と呼ばれる図像によってさとりの世界や教義などが象徴的に用いられることが多く、真言宗で

は、「金剛界曼荼羅」と「胎蔵曼荼羅」との両界曼荼羅が用い
られます。

真言宗の教判

　日本真言宗の開祖である空海の教判は、顕密二教判と十住
心判です。日本の真言宗の特徴が示されているので次に掲げて
おきます。

顕密二教判
①顕教は応化身の釈尊による随他意説法であるが、密教は
　法身の大日如来による随自意説法である。
②顕教は因分（さとりへの過程）可説・果分（さとりの境界）
　不可説であるが、密教は果分可説である。
③顕教における成仏は理想の果体で現世での成仏は理論上の
　ものであるが、密教は手に印契を結び、口に真言を唱え、
　心を三摩地に住する三密修行に基づいた現世での即身成
　仏を得るものである。

十住心判
①異生羝羊心　凡夫の心を示す。
②愚童持斎心　道徳にめざめた心を示す。
③嬰童無畏心　宗教にめざめた心を示す。
※①②③は、世間住心と呼ばれる。
④唯蘊無我心　我空法有の教えで阿羅漢果をめざす声聞乗
　の心を示す。
⑤抜業因種心　十二因縁の観法で辟支仏果に到ろうとする縁

覚乗の心を示す。

※④⑤は、小乗教とする。

⑥他縁大乗心　我法二空を主張する法相宗行者の心を示す。

⑦覚心不生心　八不中道の境地をめざす大乗空門、三論宗行者の心を示す。

※⑥⑦は、三乗教とする。

⑧一道無為心　三諦円融による中道実相をさとろうとする天台宗行者の心を示す。

⑨極無自性心　事々無礙法界を説く華厳宗行者の心を示す。

⑩秘密荘厳心　自心の本性の秘密荘厳な曼荼羅をさとる密教行者の心を示す。

曼荼羅

　「曼荼羅（曼陀羅）」という言葉は、サンスクリット語 maṇḍala の音を漢字で表したもので、漢字自体には意味はありません。

　古代インドから伝わるもので、インドでは、土の壇上に円形か方形の曼荼羅を色砂で描きます。

　チベットや中国・日本に伝わるものは、多くは布や紙などに描かれたものです。絵図の種類はさまざまですが、浄土教では当麻曼荼羅などが有名です。

チベットの六道輪廻曼荼羅

　日本へ天台の典籍を将来したのは律宗の鑑真（688-763）でした。その後、最澄（767-822）が延暦23年（804）から24年にかけて唐の天台山で天台教学を承け、帰国後に天台法華円宗（天台宗）として公に認められます。

　比叡山延暦寺は、延暦7年（788）に最澄が創建した一乗止観院に始まりますが、最澄は弘仁13年（822）、56歳で遷化します。その7日後、最澄の願いであった比叡山での大乗菩薩戒の授戒が勅許されることにともない延暦寺の寺号が与えられました。

　最澄が後世に伝えた教えは、智顗の残した教義と菩薩戒のみではなく、「円・密・禅・戒」と呼ばれる多岐にわたるものでした。円は天台円教（→74頁）、密は密教（→84頁）、戒は『梵網経』下巻による菩薩戒です。さらに、最澄の弟子の円仁（794-864）の9年間の入唐求法によって浄土教の不断念仏が取り入れられました。

　この円仁が延暦寺の第3代座主となり、山門派（現在の天台宗）の祖とされます。なお、後に延暦寺と分かれる園城寺の寺門派（現在の天台寺門宗）の祖は、第5代座主の円珍（814-891）とされます。円珍は、最澄とともに入唐した初代座主義真（781-833）の弟子で、3年間中国で天台と密教とを学び帰国して、真言宗が東密と呼ばれることに対し台密と呼ばれる天台密教を確立しました。

　山門派と寺門派の教義上の違いについて、山門派は、円・密・禅・戒の四宗を兼学しますが、寺門派は、これらに修験道を加えて、円・密・禅・戒・修験の五法門とし、「顕・密・修験三道鼎立」で即身成仏をめざします。

常行三昧

　天台宗で行われる修行の一つに常行三昧があります。この修行は、智顗以来行われる四種三昧の一つであり、7日から90日を期限とし、常行堂の阿弥陀如来像のまわりを歩きながら念仏を称えるものです。

　親鸞聖人が、この堂につとめる堂僧であったと『恵信尼消息』に伝えられています。（→A、82頁）

回峰行

　日本の天台宗で行う有名な修行に回峰行があります。この修行は、無動寺を建てた円仁の弟子の相応（831-918）に始まります。

　比叡山では、千日回峰行として、比叡山延暦寺東塔無動寺谷にある本尊を不動明王とする無動寺を起点とし、一日山中を歩き、順次その距離を延ばし、千日目に京都御所に及んで終了とします。現在では7年間をかけて行います。かつて完了した行者は土足で宮中にはいり、天皇の加持を行うことができたとされます。

　なお、天台寺門宗園城寺では相応ゆかりの金峯山（奈良県吉野町）で行っています。

浄土系

　日本の天台宗が天台の教義に加えて密教・禅・浄土教を合わせ持った教えであるために、現在まで続く新たな宗旨が興り、浄土教の系統からは浄土宗、浄土真宗が開かれました。

　浄土宗の宗祖は、法然房源空聖人（→A、56頁）です。親鸞聖人の師に当たります。現在、浄土宗と名のる教団は浄土宗と西山三派（浄土宗西山禅林寺派・浄土宗西山深草派・西山浄土宗）に大別されます。根本の聖典は、源空聖人の『選択本願念仏集』です。ここに、「浄土三部経」が正依であることが定められています。さらに源空聖人から承け伝えられた菩薩戒を守ることを教義の前提とします。

〈浄土宗〉

　古くは教義上から鎮西派と呼ばれてきました。源空聖人の弟子の弁長（1162-1238）を派祖とします。教義の特徴的なものをあげますと、「称名往生」「凡入報土」「念仏諸行二類各生義」などです。

①称名往生

　称名の行に「至誠心・深心・回向発願心」が次第に具足されるので、称名念仏で浄土往生ができるとします。

②凡入報土

　凡夫でも報土往生がかなうとしますが、往生以前の行いの違いによって往生後に九品の階位があるとします。

③念仏諸行二類各生義

　称名念仏を行う者でも、それ以外の諸行を行う者でもそれぞれ往生を遂げるとします。なお、諸行往生は、余行往生とも万行往生ともいいます。

　以上の教義から、鎮西派では、信よりも称名を先行させ、称名の継続によって信心が自ずと固くなっていくとします。

〈西山三派〉

　現在は三派に分かれていますが、古くは教義上から西山派と呼ばれてきました。派祖は源空聖人の弟子の証空（1177-1247）です。教義の特徴的なものをあげますと、「仏体即行」「生仏不二」「念仏一類往生義」などです。

①仏体即行

　阿弥陀如来は、十劫の昔に誓願成就して衆生の往生を成就したのであるから、仏の正覚（さとり）と衆生の往生は同時であるとします。そこで、仏の「覚体」が、そのまま衆生往生の「行体」そのものであるとします。

②生仏不二

　仏の覚体と衆生の行体が一体となっているのが六字の名号であるとします。

③念仏一類往生義

　諸行は方便として開かれていたものであり、念仏に帰した後

は、諸行すべてが念仏になるとします。

禅宗系

　日本の天台宗が天台の教義に加えて密教・禅・浄土教を合わせ持った教えであるために、現在まで続く新たな宗旨が興り、禅の系統から臨済宗と曹洞宗が独立しました。一般的に禅宗と呼ばれるものです。

　これらは、「教外別伝・不立文字」として所依の経典を定めてはいません。文字に重きをおかずに師弟の関係で臨機応変、対機説法で指導がなされる「祖師禅」です。

　比叡山の禅は、天台教義の実践のためのものでしたが、栄西（1141-1215）は、比叡山の禅を学んだ後、中国にわたり臨済宗から「祖師禅」を将来してきました。そのため、その後、多くの僧侶が中国に渡り、禅を学んで帰国し、日本に臨済宗をひろめます。

　なお、曹洞宗は、道元（1200-1253）が比叡山下山後、建仁寺で栄西に禅を学び、栄西の死後はその弟子明全に師事し、ともに中国に渡り天童山の如浄（1162-1227）から「只管打坐の禅」を受け帰国後ひろめたものです。

〈臨済宗〉

　現在の日本の臨済宗には14派あり、その禅風はすべて白隠（1685-1768）の流れとされます。臨済禅の特色は、「看話禅」であることです。「看」とは、じっと見ることです。また「話」とは、さとりを開かせるために与える課題であり、「公案」と呼ばれます。つまり、参禅者にとって大きな疑問となる課題の

ことです。この「大疑団（疑いの固まり）」を起こす課題を参禅考究していくことによって言葉も思いも絶えた境地である本来の清浄な自己が現れること、このことを「見性」といいます。その境地に至ることを目的とするのが看話禅と呼ばれるものです。

　ちなみに、白隠が考え出したとされる公案に「隻手音声」があります。「両手で打てば音がでますが、片手の音はどうなのか」というものです。

〈曹洞宗〉

　曹洞宗の特色は、「黙照禅」であることです。「黙」とは坐禅であり、「照」とは、智慧であるとします。看話禅に対して、黙照禅は、黙して坐することがそのままさとりであるとします。つまり、「只管」（ひたすら）「打坐」（坐す）そのものが目的です。そこで、修行そのままがさとりの顕現ですので、修行と証果とが等しいので、「修証一等」といいます。

　また、「只管打坐」とは、本来さとっている証果にありながらすぐれた坐禅修行をするので、「本証妙修」であると、道元は『正法眼蔵』等で説明しています。

　この道元が現在、曹洞宗の大本山である永平寺を建てます。道元の弟子の孤雲懐奘（1198-1280）が第2世、同じく弟子の徹通義介（1218-1309）が第3世として永平寺の住持となります。その後、義介の弟子の瑩山紹瑾（1267-1325）が行基（668-749）の創建と伝えられる能登の密教系寺院を総持寺と改めます。そして禅に密教を取り込み世俗と調和し、『伝光録』を著わすなどして曹洞宗の教団組織の基礎を確立しました。結

果、総持寺も曹洞宗の大本山となり曹洞宗には大本山が２カ寺あることになりました。なお、能登の総持寺は、1898年に火災で焼失したために、1911年横浜市鶴見に移転しています。

日蓮宗

　日本の天台宗が天台の教義に加えて密教・禅・浄土教を合わせ持った教えであるために、現在まで続く新たな宗旨が興り、台密の系統からは日蓮宗が誕生しました。

　台密では、『妙法蓮華経（法華経）』と密教経典の『大日経』、『金剛頂経』とは同列であるとする立場と、密教が『法華経』に勝るとする立場の二つがあります。ちなみに、東密では、『大日経』と『金剛頂経』で説かれる密教こそが顕教の『法華経』に勝るものであるとします。

　日蓮宗を開いた日蓮（1222-1282）は、これらの密教を比叡山、園城寺、高野山などで学びました。そのために、日蓮宗の教義は『法華経』を所依としながら密教色の強いものであります。なお、『法華経』が所依の経典ですので、「法華宗」ともいいますが、天台の「法華宗」と区別するために、「日蓮宗」とも称します。

　日蓮は天台の五時判（→70頁）を承けて『法華経』を真実としていますが、天台では、『法華経』の全二十八品の内、前十四品を迹門、後十四品を本門とし、迹門の「方便品」の「諸法実相」で教義を立てています。（→74頁）しかし、日蓮は、天台の教義は「理の一念三千」であるとし、本門の「寿量品」の文の底にある法こそが、末法における一切衆生が即身成仏を遂げることができる真の「事の一念三千」であるとします。そ

のことを「文底秘沈の法」と呼び、それに基づいて教判を構築しています。

五綱判

日蓮宗の代表的な教判は、次の「五綱判」です。

①教　教えのなかでは『法華経』が最も勝れているということ。
②機　末法の機は『法華経』のみが救えるということ。
③時　末法の時は『法華経』のみが相応するということ。
④国　日本国のみが『法華経』の広まる国であるということ。
⑤序　末法の今が『法華経』の広まる順序であるということ。

三大秘法

また、日蓮宗では『法華経』に収められている功徳によって救われ即身成仏できる三種の行法は、天台の智顗も最澄も説かなかった秘法ですので、「三大秘法」とされます。

①本門の本尊

「本門の本尊」とは、「南無妙法蓮華経」であり、「南無妙法蓮華経」の周りに十界の諸衆が書かれた曼荼羅を仏壇の中心に掛けます。

②本門の戒壇

「本門の戒壇」とは、本尊に帰依して「妙法蓮華経」の五字を唱える受戒の場であって、形式上の戒壇は設けません。

③本門の題目

「本門の題目」とは、「南無妙法蓮華経」と唱えることです。この「本門の題目」に「信」と「行」とが具わっているとします。

仏教史

釈尊の滅後

仏教の守護者　アショーカ王

　マウリヤ王朝第3代のアショーカ王（前268-前232頃在位）は仏教に深く帰依した人物として知られています。アショーカ王は多くの国が争っていたインド全域を統一しました。しかし、その際に多くの犠牲者が出たことを悔い、以後は平和的な法による統治をめざしました。そこには、不殺生をはじめとする仏教の思想が色濃く反映されています。そして、その政策や事業の方針である「法勅」を、インド各地の石柱や摩崖に刻ませました。仏教を信奉し、領土内に多くの仏塔（→A、15頁）を建てたと伝えられます。

仏典の結集

　釈尊の滅後、その教えを伝えていくために「結集」が4度開かれました。第一結集は釈尊の入滅直後に開かれました。（→A、19頁）

　それから100年後に教団分裂によって第二結集が開かれたとされています。その100年後、アショーカ王時代に第三結集が、さらに100年後のカニシカ王時代に第四結集が開かれたとされています。

　カニシカ王（130-155頃在位）は、北インドから中央アジアに及ぶ一帯を統治したクシャーナ王朝の最盛期の王であり、仏教をあつく保護した王としても知られています。

仏伝図・仏像の作成

　釈尊の入滅後、しばらくの間は、現在のようにその姿が仏像として表現されることはありませんでした。釈尊の伝記を描く仏伝図においても、本来その姿があるべき部分に、さとりを象徴するものとしての法輪（→A、6頁）や菩提樹などが描かれています。

　紀元1世紀頃、クシャーナ王朝の時代に入ると、ガンダーラ（現在のパキスタン）やマトゥラー（中インド）において、現在のような釈尊の姿が表現されはじめます。これらが仏像の起源となります。なお、ガンダーラ美術はヘレニズム文化、マトゥラー美術はインドの民間信仰の影響が認められます。このように、仏教芸術には、その地域の文化や様式が反映されています。

ジャータカ

　この世でさとりを開いた釈尊の生涯を、後世へと伝える仏伝文学が発達していきます。そのようななかで、釈尊はこの世の修行のみでさとりを開いたわけではなく、過去世においても多くの功徳を積んでいたのだと考えられ、その前世についてもさまざまな物語が残されるようになりました。この釈尊の前世物語を「ジャータカ」といいます。

　この「ジャータカ」は、『今昔物語』や『イソップ物語』など世界中の文学作品に影響を与えています。

インド仏教の展開

大乗仏教と龍樹菩薩・天親菩薩

　大乗仏教の興起によって、仏教には大きな変化が起こりました。（→Ａ、36頁）そこで活躍したのが、浄土真宗七高僧第一祖の龍樹菩薩と、第二祖の天親菩薩です。

　龍樹菩薩（→Ａ、50頁）は、般若経典と呼ばれる一群に説かれる「空」とは何かという問題を明らかにした方です。龍樹菩薩は著書のなかで、「空」の思想を「縁起」の考え方を用いて理論的に説明しました。（→62頁）その後、龍樹菩薩を祖とする中観派という学派が形成されました。

　天親菩薩（→Ａ、52頁）は、部派仏教の説一切有部・経量部に学んだ後、兄・無著の勧めで大乗仏教に転向します。その後は、無著とともに瑜伽行唯識学派を組織し、「唯識」の思想を大成しました。（→64頁）

仏教の伝播と世界の仏教

　仏教の伝播には、インドから中央アジア・中国・朝鮮半島へと伝わった北伝仏教と、スリランカから東南アジアへと伝わった南伝仏教という、大きく二つのルートがあります。

　北伝仏教は、大乗仏教や密教を中心とするものです。シルクロードとよばれる交易路を通るなかで、そのかたちも多様な変化をとげます。また、その過程でチベットにも仏教が伝わります。一方、南伝仏教は、上座部仏教（→60頁）が中心です。アショーカ王の時代にスリランカへと伝わった仏教は、その後、タイ・ミャンマー・カンボジア・ラオスなどへも伝わります

が、僧侶の生活や考え方は、比較的、釈尊の時代に近いかたち
が残っています。

インド仏教の消滅と復興

　7世紀から12世紀にかけて、インド北東部を治めていた
パーラ王朝は、仏教をあつく信奉していました。そのなかで、
ナーランダー寺院などを拠点に、仏道修行や仏教研究が行われ
ていました。しかし、その王朝の弱体化に伴い、12世紀末か
ら13世紀にかけて、イスラム教徒のインド侵略が進み、仏教
寺院が破壊されるなど、仏教も衰退の道をたどります。そのな
かでチベットに避難する僧もいました。

　そして、当時多くの優秀な僧侶を輩出していたヴィクラマ
シーラ寺院が壊滅した1203年をもって、仏教発祥の地である
インドで仏教が消滅したとされています。

　こうして、仏教が途絶えてしまったインドですが、20世紀
になって仏教が復活します。政治家であり、法務大臣もつとめ
たアンベードカル（1891-1956）は、かねてより関心を抱いて
いた仏教への思いを強め、インド仏教徒教会を設立、多くの
不可触民（アウトカースト）とともに仏教徒へと改宗します。
（→50頁）いまだ少数派ですが、仏教発祥の地であるインドに
再び仏教の教えがあらわれました。これは、新仏教運動、イン
ド仏教復興運動とよばれます。

後漢から魏晋南北朝時代

中国への仏教伝来

　仏教が中国へ伝わったのはいつか、ということに関しては諸説あり、正確にはわかりませんが、おおよそ、後漢（25-220）の初めの頃であったとされています。

　桓帝（146-168在位）の時代になると、仏教は勢力を拡大していきます。そこで活躍したのが、古代インド語で書かれた経典を漢文に翻訳する訳経僧です。彼らは、洛陽をはじめとした大都市において、国の保護を受けながら、多くの経典を翻訳しました。初期の訳経僧として活躍した人物に、安世高や支婁迦讖などが挙げられます。

仏教の中国化

　4〜5世紀の魏晋南北朝時代に、中国では、仏教の本格的な受容が進みます。その時に当時の中国人が頭を悩ませたのが、般若経典などに多く説かれる「空」の教えをどう理解すればよいかという問題でした。

　この問題に対して、中国では「格義」という経典解釈の方法をとりました。格義とは、外来の思想である仏教を理解するにあたって、経典の言葉を中国古典の言葉になぞらえて解釈することをいいます。例えば、「空」を老荘思想の「無」を用いて理解しようとすることです。この方法にも限界があり、次第に格義仏教の時代は終りを迎えます。

　それ以後も、仏教は中国固有の思想と関わりながら発展していきます。なかでも、仏教と道教は度々対立し、国家的規模の

論争も行われました。そこでは仏教を開いた釈尊と、道教で神格化される老子はどちらがすぐれた教えを残したかといったことが議論されました。

　また、仏教と儒教も衝突することがありました。なかでも、問題となったのは、盧山慧遠の主張した「沙門不敬 王者論」です。出家者は世俗から離れた存在であるため、世俗の王に対しても礼をとる必要はないというこの考えは、礼を重んじる儒教にとっては受け入れがたいことでした。

　このように、仏教は道教・儒教と衝突を繰り返しながらも、一方で、その要素を吸収していきます。漢訳経典のなかには、中国古典の言葉も多く用いられています。なかには中国でできた経典もありました。それによって仏教の思想は中国に浸透していきます。「中国仏教」ともよばれる独自の思想を形成していくのです。

仏教と国家

　国家とのつながりが強いことも中国仏教の特徴です。中国では、優秀な僧侶を国家的に保護し、活動を支援しました。道安や鳩摩羅什といった著名な僧侶を自国に招き入れるために戦も行われました。

　なかでも、仏教が盛んになったことで知られるのが、北朝の北魏（386-534）と、南朝の梁（502-557）の時代です。北魏では、仏教教団を統括する役職が国家によって設置されました。また、雲岡石窟という巨大な石窟寺院には、北魏の歴代皇帝を模したとされる5体の大仏が造営されています。

　梁の武帝（502-549在位）は、自らも戒律を授かり、菜食を

行うなど、仏教を中心にすえた生活を送り、「皇帝菩薩」と呼ばれました。

教相判釈と宗の成立

中国には多くの経典がその成立順序とはまったく関係なく順不同に将来され、翻訳されていきました。(→102頁)

そのなかには、インドの初期仏教の教えを残す経典群、大乗仏教の経典群など成立年代には数百年の隔たりがあり、思想的にもかなり異なるものがありました。

ですが、いずれも「仏説」とされ、冒頭には「如是我聞(私はこのように聞きました)」とあるため、中国の人びとは教えの多様性や矛盾に困惑することになりました。

そこで、魏晋南北朝時代になると、すべての経典を取り入れつつ、さまざまな基準によって経典に優劣をつける「教相判釈(きょうそうはんじゃく)」が生まれました。この解釈の違いによって、多くのグループが生まれ、後に宗として成立していきます。(→68頁)ですから、この教相判釈は自身の信仰する教えが、どの経典によっていて、どんな教えであるのかを表明する重要なものなのです。

有名な教相判釈に、天台宗の「五時八教判(ごじはっきょうはん)」(→70頁)、華厳宗の「五教十宗判(ごきょうじっしゅうはん)」(→76頁)などがあります。なお、親鸞聖人も『教行信証』や『愚禿鈔(ぐとくしょう)』に「二双四重判(にそうしじゅうはん)」を示されています。

中国仏教と曇鸞大師

浄土真宗七高僧第三祖の曇鸞大師(→A、52頁)は、中国に

おいていまだ教相判釈による宗が確立されていない時代に、天親菩薩の『浄土論』を註釈するなかで、阿弥陀如来一仏を信仰の対象とし、いわゆる「浄土三部経」を中心とした教学を構築し、浄土教の先駆けとなりました。このことにより、中国浄土教の祖とされます。

　なお、曇鸞大師は、北魏を中心に活動した僧侶で、大師の伝記を記す『続高僧伝』には、南朝の梁へと渡った際に、梁の武帝から賞讃されたと記されています。「正信偈」の「本師曇鸞　梁天子　常向鸞処菩薩礼」は、このことをうたったものです。

偉大な翻訳家① 鳩摩羅什

　経典の翻訳がはじまってからの長い歴史のなかで、特に重要な人物が、鳩摩羅什と玄奘です。いずれも仏教に精通した人物として、「三蔵」（→61頁）という敬称がもちいられます。

　亀茲国（現在の新疆ウイグル自治区）出身で、5世紀頃に活躍した鳩摩羅什は、後秦（384-417）において、本格的な翻訳活動を始めました。その翻訳は正確で美しいとされ、中国仏教を大きく前進させた人物として評価されています。また、そのなかで多くの著名な門弟を輩出しました。

　主な訳出経典として、『阿弥陀経』『妙法蓮華経』『維摩経』『大品般若経』などがあり、その他、龍樹菩薩の著作も多く翻訳しています。

隋唐時代から宋代

国家による廃仏

　中国では、国家による大きな廃仏が４度ありました。そのうちの一つ、北周の武帝（560-578在位）による廃仏では、多くの寺院が破壊され、財産は没収、僧侶は還俗させられました。

　隣国の北斉との戦いに向けて、質素倹約につとめた武帝は、僧侶の怠慢さや、贅沢な寺院の状況を伝える訴えを聞き、僧侶に対する学業試験を実施、不合格者には還俗を課すなど、危機感をあおりました。そのなかで、多くの僧侶が、山谷に逃亡、あるいは隣国の北斉や、南朝の陳へ亡命しました。命がけで武帝を諫める者もいましたが、その後、大規模な弾圧が行われます。北周は北斉を滅ぼした後、さらに北斉の地においても、同様に二度目の廃仏を行いました。

中国における廃仏

　中国で行われた４度の廃仏は、当時の皇帝の名をとり、「三武一宗の法難」とも呼ばれます。

　北魏　　太武帝（423-452在位）の太平真君年間（440-451）

　北周　　武帝（在位560-578）の建徳年間（573-578）

　唐　　　武宗（在位840-846）の会昌年間（841-846）

　後周　　世宗（在位954-959）の顕徳年間（954-960）

末法思想と道綽禅師

　釈尊入滅後、時代がうつるにつれて、次第に仏教が衰微して
いく状況を正法・像法・末法の三時に分ける考え方があります。第三時の末法の時代には、いかに修行しようともさとりを得ることができないとされます。南北朝時代の終わりから、『大集経』「月蔵分」など、いくつもの文献に、末法に関する記述があらわれ、中国仏教界に、そして後世、日本の仏教界にも危機意識を抱かせることになります。（→14頁、115頁）

　北周と北斉の戦乱、北周武帝による廃仏は、仏教徒に末法の到来を強く意識させるものでした。加えて、この時期に中国北部では、干ばつや洪水がおこり作物が実らず、飢饉が発生していました。

　そのようななかで、南岳大師の慧思や三階教の開祖信行といった僧侶が、末法時代における仏教とはいかなるものかを主張していきます。そして、浄土真宗七高僧第四祖の道綽禅師（→A、54頁）は、今の時代は末法であるという自覚のもと、凡夫が救われていく道は、阿弥陀如来の他力の教え以外にないことを強調したのです。

浄土教と善導大師

　隋唐代になると、教相判釈によって宗が確立されていきます。（→68頁）そのなか、いくつもの宗で共通して用いられる経典や論書もあります。一般的に用いられていた経典には、種々の「般若経」、『涅槃経』、『法華経』などがあり、論書には龍樹菩薩や天親菩薩の著作があります。ただ、たとえ同じ経典や論書を用いていても、内容の理解は宗によってさまざまです。

三時思想

　　正法・像法・末法の三時思想は、仏教における時代観といえます。教（仏の教法）、行（実践）、証（さとり）の三つの有無によって分けられます。

　それぞれの時代がつづく期間には大きく２説がありますが、それらを示すと以下の通りです。

　　　正法：教・行・証　　500年　あるいは1000年
　　　像法：教・行・×　　1000年
　　　末法：教・×・×　　10000年

　また、釈尊がいつ入滅したかについても諸説あります。このようなこともあり、末法のはじまりは文献によってさまざまですが、中国では６世紀後半、日本では11世紀はじめに末法に入るとする説が一般的です。

　道綽禅師の『安楽集』のなかには、末法がいつからはじまるかといった具体的な記述はありませんが、自身が末法に生きているという自覚が次の箇所に示されています。

当今は末法にして、現にこれ五濁悪世なり。ただ浄土の一門のみありて、通入すべき路なり。

（→註七、241頁）

　親鸞聖人は『教行信証』化身土巻において、正法500年・像法1000年という説を用いて、552年に末法に入ったと説かれています。（→註、417頁）

「浄土三部経」の一つである『観経』も、宗を問わずひろく用いられた経典で、いくつもの註釈書が残っていますが、それぞれが中心に据える経典や考え方が違うので、当然のことながら、その主張も異なります。

浄土真宗七高僧第五祖の善導大師（→Ａ、54頁）は、多様な仏教理解があるなかで、浄土教の立場を明確に示すことに注力されました。具体的には、当時『観経』についてさまざまな見解が示されるなかで、善導大師は、これまでの註釈書は「聖道門」の立場から書かれたもので決して正しい理解とはいえないとされます。そして、「浄土門（浄土教）」の視点から『観経』を読み解いていくべきことを指摘したのでした。（→15頁）

大蔵経の成立

中国に将来された経・律・論などの漢訳が進み、さらに、西域や中国で著された文献が増えていくなかで、経典をはじめとする仏教文献全体をまとめた一大叢書である「大蔵経」がつくられます。「衆経」、「一切経」などとも呼ばれます。国家による写経所が設けられ、多くの者が写経に従事するなど、大蔵経の編纂は国家的な事業として進められました。

同様に、それらの仏教文献を整理・分類した目録や、歴史をまとめた史書の編纂も行われます。このような記録の整理は、インドではほとんど行われておらず、中国特有のものといえます。仏教文献の目録である経録には、6世紀初めに成立した現存最古の経録である僧祐『出三蔵記集』の他、唐代にまとめられた智昇『開元釈教録』や円照『貞元新定釈経目録』などがあります。仏教に関係する歴史をまとめた史書とし

ては、隋代の費長房による『歴代三宝紀』がよく知られています。

　宋代になると大蔵経の編纂は大きな転換期を迎えます。中国の偉大な発明とされる印刷技術の発達にともなって、版本の大蔵経があらわれます。最古の版本大蔵経は、10世紀終わり、北宋の開宝年間に開版された「開宝蔵」です。その他、「契丹蔵」「高麗蔵」など、多くの大蔵経が制作され、系統によって、体裁や内容に違いがあります。

　日本でも、大正時代に高楠順次郎・渡辺海旭・小野玄妙を中心に「大正新脩大蔵経」が編纂されます。これは中国の文献のみならず、日本撰述の文献なども収録されており、現在最も一般的に用いられる大蔵経です。

宋代の仏教

　907年に唐が滅んだ後、中国は五代十国という分裂の時代になりました。960年に北宋が成立しましたが、北宋が女真族の金により圧迫されたことで、1127年に宋王朝が南に遷都したことで南宋が始まります。

　北宋・南宋にわたる宋代は、中国仏教の大きな転換期でした。インドや西域からの経典の流入、中国における仏典の漢訳が減少したこと、後周の廃仏や戦乱によって多くの典籍が失われたことが理由に挙げられます。こうした困難な状況を乗り越えたのが浄土教と禅宗でした。特に禅宗は、五家七宗に分派し、諸派分立したことで、臨済宗、曹洞宗といった日本に大きく影響を与える宗派が形作られました。

偉大な翻訳家② 玄奘

　7世紀の唐代に活躍した玄奘は、正しく仏教を学ぶために、国の決まりを破ってインドへと渡ります。そして、当時優秀な僧侶が多く集っていたナーランダー寺院において、10年以上の時を過ごし、唯識にかかわる文献を中心に、膨大な量の仏教文献を持ち帰ります。帰国後は、それらを翻訳し、中国における唯識研究の基礎を構築しました。

　主な訳出文献として、『大般若経』『倶舎論』『瑜伽師地論』などがあり、その他、インド旅行記である『大唐西域記』が有名です。

　後世、鳩摩羅什と玄奘という2人の翻訳家を基準にして、鳩摩羅什以前の翻訳を「古訳」、それから玄奘までの翻訳を「旧訳」、それ以後の翻訳を「新訳」と呼ぶようになりました。

飛鳥時代から奈良時代

日本への仏教伝来

　6世紀の欽明天皇（539-571在位）の時代、朝鮮半島の百済から仏教が公式に日本に伝わりました。

　インドから中国への仏教伝来と同様、日本への仏教伝来の際にも、やはり問題が生じます。日本は古来より神への信仰があり、外来の宗教である仏教の受容について議論がなされます。当時、朝廷において大きな権力をにぎっていた派閥のうち、仏教の受容について賛成派の蘇我氏が、反対派の物部氏を滅ぼしたことによって、仏教は日本で受容されることとなります。

日本仏教と聖徳太子

　日本での仏教のひろまりを語るうえで欠くことのできない人物が聖徳太子です。欽明天皇の孫で、蘇我氏とも親類にあたる聖徳太子は、推古天皇の摂政として、遣隋使の派遣、「憲法十七条」の作成、「冠位十二階」の制定など、日本の中央集権に尽力しました。

　この背景には仏教の思想がありました。一般には「憲法十七条」は和の精神を掲げたことで知られていますが、「篤く三宝を敬え」という言葉に象徴されるように、仏教の思想を中心にすえたものとなっています。また、聖徳太子は『法華経』『勝鬘経』『維摩経』の註釈書を制作されたとも伝えられています。

　このようなことから、親鸞聖人は聖徳太子を「和国の教主」として仰ぎ、聖徳太子についての和讃が『正像末和讃』には

11首あり、その他に『皇太子聖徳奉讃』、『大日本国粟散王聖徳太子奉讃』が残されています。

奈良仏教の隆盛

　8世紀、平城京を中心として、大陸の文化が積極的に導入されるなかで、仏教は宗教としてだけではなく、音楽や工芸の文化として、あるいは建築などの科学技術として受容されていきます。仏教研究も進展し、南都六宗と呼ばれる学問研究のグループが発生しました（→69頁）。

　そして、聖武天皇（724-749在位）の時代、仏教文化は隆盛を極めます。その象徴として建てられたのが、「奈良の大仏」と呼ばれる、東大寺大仏殿の盧舎那仏座像です。大仏造立の責任者には、困窮者を救済する社会活動などによって支持を得ていた行基が招かれました。

戒律の導入

　僧侶となるための授戒（受戒）の儀礼が整えられたのもこの時期です。当時の日本では正式な制度がなかったからでした。そこで、遣唐使を派遣し、出家得度の制度を整えるために、授戒に必要な僧侶を招くこととなりました。そこで招かれたのが当時中国で高名な鑑真でした。

　鑑真の来日によって、日本にも戒律を授ける「戒壇」が東大寺をはじめとして全国に3カ所設けられ、授戒の制度が整備されました。さらに、律の研究のために唐招提寺が建てられます。

113

平安時代から鎌倉時代

最澄と空海

　平安時代、仏教界に大きな変化をもたらした人物が、最澄（→88頁）と空海（→84頁）です。

　最澄は19歳の時、東大寺で受戒し、国家公認の僧侶となり、中国の智顗が開いた天台の教えを知りました。そして比叡山にこもり学問修行に励んだ最澄は38歳の時、遣唐船で中国に渡り、天台山で天台教義をより深く学び、その教えを日本に持ち帰りました。

　天台宗の教えは、当時の日本で知られていた法相宗の教えなどとは異なる部分が多く、日本仏教の中心的な位置を占めていた南都仏教との激しい対立が続くこととなりました。

　一方、官吏の道を進んでいた空海は、仏教の教えにひかれて出家し、四国各地を回って修行に励みました。その後、遣唐船で中国に渡り、インド伝来の密教を学びます。

　帰国後、高野山に修行の道場を建立します。また、京都の中心部に位置する東寺を朝廷から与えられ、真言宗をひろめました。

　最澄と空海がもたらした仏教は、奈良仏教を中心とするこれまでの仏教と異なり、平安遷都を行った桓武天皇の意向にも沿うものでした。そこで、天台宗と真言宗はともに国家から「宗」と認められ大きな勢力となっていくのです。

末法思想と源信和尚

　平安時代になると、阿弥陀如来の西方極楽浄土への信仰が貴

族社会を中心に、大きなひろがりをみせました。当時の権力者として有名な藤原道長もその影響を受けて阿弥陀信仰に傾倒していきました。このことは、西方極楽浄土を描いた平等院鳳凰堂や中尊寺などが建立されたことからもわかります。なお、この時の信仰は、この世での命がおわる臨終の時に、阿弥陀如来が迎えに来るという「臨終来迎」が中心でした。

　この浄土への信仰の隆盛に大きく関わったとされるのが末法思想です。日本では永承7年（1052）に末法の時代になると考えられており、その時期におこった、災害の発生、疫病の流行、治安の悪化などは末法の到来に対する人びとの危機感をますますつのらせていきました。

　浄土真宗七高僧第六祖の源信和尚（→Ａ、56頁）は、その著書『往生要集』において、極楽往生を願うことを勧め、その方法としての念仏の教えを明らかにしたのでした。

　また、六道の様子を詳細に描いた『往生要集』は、現在の日本人が考える地獄のイメージを確立したものとして知られています。

比叡山出身僧と源空聖人

　12世紀後半、源氏と平氏の争いから鎌倉幕府の成立へと、社会全体が大きな転換期を迎えます。この時代の移り変わりとともに、仏教界も多様な変化をとげます。

　学問修行の地として栄えていた比叡山でも、これまでのあり方を見直そうとする者や、新たな形を見出そうとする者が現れました。

　浄土真宗七高僧第七祖の源空聖人（→Ａ、56頁）もその一人

です。源空聖人は、すべての者が救われていく道として、念仏の教えを説かれました。(→19頁)

　それに続いて道元（曹洞宗）、栄西（臨済宗）、日蓮（日蓮宗）、一遍（時宗）などが活躍し、仏教界の新たな流れをつくっていったのでした。

仏教伝播〈イメージ図〉

モンゴル

朝鮮

日本

西域諸国

中国

ガンダーラ

チベット

台湾

インド

ミャンマー

ベトナム

タイ

カンボジア

スリランカ

マレーシア

インドネシア

116

朝鮮の仏教

　中国から朝鮮半島に仏教が伝わったのは、朝鮮半島が新羅・高句麗・百済に分裂していた三国時代（4世紀半ばから7世紀後半）です。高句麗と百済は中国と交流があったことから、律令制や儒教と一緒に新しい文化として仏教を導入しました。なお、この百済から日本へ仏教がもたらされています。

　7世紀後半に新羅が朝鮮半島を統一し、華厳の教えが伝えられました。国勢の高まりとともに仏教も盛況となり、特に元暁（618-686）の著した『大乗起信論』の註釈は、中国の華厳思想を大成した法蔵にも大きな影響を与えました。また、新羅時代の後半頃には、中国で広まった浄土教や禅の影響も受けます。現在の韓国では、華厳と禅を結び付けて解釈する曹渓宗が大きな勢力を持っています。

　なお、10世紀から14世紀には高麗が朝鮮半島をおさめますが、この時代の特徴は大蔵経の製作です。日本で編集された「大正新脩大蔵経」の底本である「高麗大蔵経（高麗版）」が製作されています。

チベットの仏教

　チベットに仏教がもたらされたのは7世紀頃で、チベット初の統一政権を打ち立てたソンツェン・ガムポ (581-649) の時代に本格的に仏教が導入されました。その後、ティソンデツェン (742-797) の時代には、インドからシャーンタラクシタを招き、サムイェーに寺院を建立して、仏典翻訳事業も行われました。8世紀後半には国教となり、その後、主要な大乗経典や律蔵の大部分がチベット語に翻訳されました。843年に王朝が崩壊したことで一度仏教は衰退に向かいましたが、10世紀頃から徐々に復興へと向かいました。この時、インドのヴィクラマシーラ寺院最後の僧院長であるシャーキャシュリーバドラがイスラムに追われチベットに入り、インド仏教を伝えています。その後、チベット仏教は近隣のネパールやブータン、またモンゴルにも広まりました。

　チベット仏教ではさまざまな派が形成され、現在、ニンマ派、カギュ派、サキャ派、ゲルク派の4派があり、ゲルク派の指導者がダライ・ラマです。

宗教概説

　人類は、災害などの厳しい自然のなかで、人間を超える存在に対して、さまざまな願いや畏敬の念をもつようになりました。また人間は老病を経て、必ずや死に至る有限の存在であることを自覚するなかで思索を深めていきました。おそらくはそのようなことが宗教の起源として考えられます。

宗教という言葉

　宗教という言葉は、漢訳仏典やその註釈書に使われていました。例えば、中国では、仏典の漢訳に際して、究極の真理、あるいはそこに到達した究極の境地を示す言葉として「宗」という漢字が用いられました。そして経典を解釈する場合に宗教という言葉が使われましたが、宗教とは「宗」と「教」、あるいは「宗」の「教」ということで、いずれの場合も「宗」は究極の真理、「教」は「宗」を言葉で表したもの、つまり教えを意味します。この他「宗」には、「中心となるもの」という意味があることから、経典や論書を研究するグループである学衆や学派をさすことにも用いられます。

　こうした「宗」「教」という言葉が現在私たちが使っているような宗教一般を示すようになったのは明治期以降のことで、西欧語のReligionという言葉の翻訳語として一般化したものです。現在、世界にはさまざま固有の宗教が存在しますが、ここでは二つの視点から、それらを俯瞰してみましょう。

一神教と多神教

　神を定義するのは困難ですが、一般的に神をたてる宗教には、唯一の神を信仰する一神教と、複数の神をもつ多神教があ

るといわれます。ユダヤ教、キリスト教、イスラム教などは一神教であり、それらは古来、中東地域に住んでいたセム語族系の文化が生み出した宗教でもあります。他方、古代ギリシャの宗教やヒンドゥー教などのインド・アーリア（ārya）系民族の宗教や、古代エジプトの宗教、また中国の道教や日本の神道などは、多神教とされます。

原始宗教・民族宗教・世界宗教

　原始宗教とは、基本的には歴史に先立つ太古の宗教と、未開文化社会の素朴な宗教信仰のことです。すべての生物や事象には霊魂（アニマ）が宿っているとするアニミズムや、霊的存在と直接に交流する能力をもったシャーマンを中心とする呪術的な宗教であるシャーマニズムが、その典型的なものです。

　民族宗教とは、民族の歴史や伝統のなかで形成されてきた宗教です。その民族の神話や社会の習慣も含むため、民族や国家の枠組みを超えて積極的に伝えることは意図されません。具体的にはユダヤ教、ヒンドゥー教などが代表的なものです。また、儒教や道教、日本の神道も民族宗教の性格を持っています。

　世界宗教は、仏教、キリスト教、イスラム教の三大宗教がよく知られています。国家や民族、地域や文化、政治などの壁を越えて、さまざまな人びとに受け入れられている宗教であるとして、普遍的宗教とも呼ばれます。

　ただ、原始宗教・民族宗教・世界宗教という分類も明確なものではありません。むしろ多くの宗教は三つの性質を重層的に持っているといえるでしょう。たとえば、ヒンドゥー教はイン

ドだけでなく、東南アジアへ拡がっており、信者数は10億人を遙かに超えます。つまり、世界的な宗教としての面も合わせ持っています。

キリスト教

キリスト教（→A、112頁）の聖典は、『旧約聖書』と『新約聖書』です。

『新約聖書』は、イエスの生涯と言葉を記したマタイ、マルコ、ルカ、ヨハネの各「福音書」、初代教会の歴史を記した「使徒言行録」、パウロをはじめ初代教会の指導者たちによって書かれた「書簡」からなり、最後に「ヨハネの黙示録」が置かれています。いずれもイエスの死後から紀元2世紀半ば頃までに書かれたものです。これら以外にも多くの文書が作られましたが、397年の第3回カルタゴ教会会議で、基本的には現在の内容が確定されました。

イエスの死後、パウロがその教えを小アジア（現在のトルコ）からローマ帝国にも伝え、紀元4世紀にはローマ帝国の国教となりました。その後、4世紀末には東方教会と西方教会とに分かれ、11世紀に至って、それぞれギリシア正教会とローマ公教会（Roman Catholic Church、現在のカトリック）と称するようになりました。

その後、ローマ公教会の権威は強大となりましたが、次第に聖職者の道義的な退廃や信仰の形骸化傾向が強くなり、それに対する抗議は16世紀になると宗教改革の運動として展開してきました。代表的な人物であるルターは教会が発行する免罪符の販売に抗議し、人は内心の信仰のみによって義とされると

し、『聖書』を直接の依りどころとする信仰を主張しました。そのために、彼は聖書をドイツ語に訳しましたが、それが聖書の近代諸言語への翻訳の始まりです。ルターはローマ公教会から破門されましたが、宗教改革を支持する諸侯たちの保護を得て、プロテスタント教会の社会的な地位を確立したのです。

キリスト教は、こうしてオーソドクス（ギリシア正教・ロシア正教・ルーマニア正教など）・カトリック・プロテスタントという主要な３派によって、世界的にひろがり、諸文化にも大きな影響を与え、そして信者の数からしても、世界最大の宗教となって現在に至っています。

イスラム教

イスラム教（イスラーム）（→Ａ、113頁）は、紀元７世紀にアラビア半島に生まれたムハンマドによって創唱された宗教です。中国に伝播して回教（かいきょう）などと呼ばれたこともあります。ユダヤ教・キリスト教と並び、典型的な一神教です。

また仏教やキリスト教などと共に世界宗教ともいわれます。今日、中東をはじめとして、北アフリカからインド亜大陸、中央アジア、中国やインドネシアを中心とする東南アジアにかけて伝わっています。近年ではさらに移民とともに欧州にも拡がっており、その信徒数は10億人を超えています。

イスラームとは、アラビア語で「唯一絶対の神アッラーのみへの帰依」を意味しています。イスラム教徒をムスリムといい、「帰依する者」という意味です。彼らは聖典「クルアーン（コーラン）」のなかに示されている神の意志に従い、それを日常の生活の規範として生きる人びとなのです。

「クルアーン」は、アッラーからムハンマドにくだされた啓示の記録です。610年、当時40歳で最初の啓示を受けて以来、生涯でしばしば神から啓示を受け、多くの書記によって記録されたものです。

ムハンマドは、

「世界の終末が迫っていること」

「死者の復活と審判」

「神の慈愛と恩恵」

「絶対神アッラーへの奉仕」

「来世のために善行を積むこと」

などを説きました。

しかし、メッカの商人たちには受け入れられず、622年、迫害を逃れて北のメディナに移住し、ムスリムの信仰共同体であるウンマをつくり、伝道の拠点としました。イスラム教は632年のムハンマドの死までにはアラビア半島全域で受け入れられるようになりました。現在、イスラム教は大きくスンナ派とシーア派に分かれています。

なお、10世紀頃になると、「クルアーン」とムハンマドの言行を源とする民法・刑法・国際法・戦争法におよぶ法律の体系が成立しました。それはシャリーア（イスラム法）と呼ばれ、現在でもムスリムが多数を占めるイスラム世界で用いられています。

ヒンドゥー教

ヒンドゥー教（→A、114頁）とは、バラモン教を基本にしながら、長い歴史のなかで、民間信仰や習俗を吸収しつつ形成

されたインドの民族宗教です。

　その信者はインド国民の約80パーセントを占め、パキスタンやスリランカ、さらにはインドネシアなどに多くいます。しかし、ヒンドゥー教には開祖に当たる人物、まとまった教団組織、全体を組織化した明確な教義は存在していません。

　ヒンドゥー教はシヴァ神・ヴィシュヌ神・ブラフマー神などを信じる多神教で、しかも神々の系譜は複雑多様となっています。また、神々に対する信仰の形態はアニミズムや呪術までを含んでいます。儀礼も犠牲祭や、香華・灯火・穀物を供養する祭礼、聖地巡礼など多様です。

　ただし、古代から信仰する神や儀礼は異なっても、業（カルマ）と輪廻を基本としたカースト制度（ヴァルナ制度）や、牛の神聖視などの習慣は共通しています。

　ヒンドゥー教はバラモン教から徐々に大衆化していったといわれます。その流れのなかで、ヒンドゥー教の聖典として二大叙事詩『マハーバーラタ』と『ラーマーヤナ』が編纂されます。特に『マハーバーラタ』に編入されている『バガヴァッド・ギーター』は、神への信順（バクティ）を説くヒンドゥー教徒の至高の聖典として、現代にいたるまで仰がれています。

　また、ヒンドゥー教は、深い哲学と多様な瞑想法を展開していたことから、近代以降、欧米にも大きな影響を与えています。

ユダヤ教

　ユダヤ教（→Ａ、115頁）は、「唯一絶対神ヤハウェへの信仰」、「律法を厳格に守る律法主義」、「ユダヤ民族が神に選ばれたという選民思想」、「世界の終末観と救世主待望の信仰」など

125

を特徴としています。

　このことは、3000年におよぶユダヤ民族の歴史と無関係ではありません。

　紀元前1000年頃にはイスラエルの王ダビデが、エルサレムに都を定めました。さらにソロモン王の治世下で壮大な神殿が造営されたことで、ユダヤの繁栄は絶頂に達したのです。しかし、その後、ダビデやソロモンによって統治された国は南北に分裂しました。最終的にはローマ帝国により滅ぼされて、ユダヤ民族は世界各地に分散することになったのです。

　その後、2000年以上にわたって祖国をもたぬ離散の民族として苦難の歴史を経て、第二次世界大戦後の1948年に現在のイスラエルとして独立することになったのです。

　このようなユダヤ民族の歴史のなかで、特に紀元前8世紀の頃から、神の言葉を預かり、人びとを導く「預言者」が活躍します。預言者たちは苦難にあえぐ人びとに、救済の来るべきことを説くとともに、儀礼などの統一に努めたのです。そのような過程で、多くの預言者たちによってユダヤ民族の聖典（キリスト教では『旧約聖書』とする）が編纂されていったのです。

儒　教

　中国では、古来より万物を支配するとされる「天帝」や、祖先神に対する信仰が重んじられていました。中国古来の歴史や思想、天や神に対する儀礼などをまとめた『易_{えき}』、『書_{しょ}』、『詩_し』、『礼_{らい}』、『春秋_{しゅんじゅう}』の「五経_{ごきょう}」は、不可欠の教養とされました。

　春秋時代になると「諸子百家」といわれるさまざまな思想家が現れます。そのなかで、孔子（前551-前479）は現実社会で

の人間関係を重視した倫理や、徳による統治という実践的な思想を説きました。孔子の言行録である『論語』は信仰の有無に関わらずひろく知られています。この孔子を祖とする思想は、「儒教」「儒家思想」と呼ばれ、前漢の武帝（前141-前87在位）により国教とされます。それ以降、歴代王朝の統治体制を支え、民衆の道徳・倫理となり、中国のみならず、ベトナムや朝鮮、日本にも伝わり、文化的にも大きな影響を与えています。

　儒教の重要な項目に「仁」と「礼」があります。「仁」は、家族への親愛の情をもとにし、それを普遍化して国家の統治にも及ぶ徳目です。「礼」は、「仁」の実践として、冠婚葬祭の儀礼や、君臣・父子・夫婦のあり方などを具体的に規定したものです。そして、倫理的にすぐれた者は「君子」と呼ばれ、理想とする人物像とされました。

　儒教では、前述の「五経」を基本とし、『論語』『孟子』『大学』『中庸』の「四書」を重んじます。

　ただ、儒教は人間関係の規範を説く倫理であり、宗教ではないという見解もあります。しかし、『論語』にも伝統的な天の観念があり、祖先に対する手厚い儀礼、孔子廟にみられる孔子の神格化などからも、ひろい意味では宗教といえるでしょう。

道　教

　道教の原型は、『老子』『荘子』などに説かれる「無為自然」を中心とする「道家思想」と、不老長生を説く「神仙思想」であるとされます。そこに、占星術や医術などの方術、陰陽や五行などの世界観・生命観、各地に伝わる民間信仰などの要素が複雑に混ざりあってできたものが、いわゆる道教です。病気

治癒や現世利益を求める宗教の典型です。

初期の道教教団として、後漢末の「太平道」と「五斗米道」が挙げられます。「五斗米道」は後に「天師道」とも呼ばれます。北魏時代、儒教や仏教にならい道教を体系化するなどの改革が行われました。これによってできた「新天師道」は、政権の支援をうけ国教となりました。この新天師道は後世「正一教」として現在にいたります。また、宋代になると禅宗の影響をつよく受けた「全真教」が成立し、正一教と並んで、道教の二大教派を形成することになります。

道教では、仏教の影響をうけて、六朝時代から唐代にかけ多くの経典が作成されました。それらは仏教の大蔵経（→109頁）と同様に「道蔵」としてまとめられています。道教寺院は「道観」、修行者は「道士」と呼ばれます。

神　道

神道（→A、115頁）とは、日本古来の民族宗教です。自然発生的な宗教であり、開祖はおらず、もともとは体系的に組織された教義もありません。

神道は、いわゆる「八百万の神」からなる多神教です。神道では、「神籬」や「磐境」と呼ばれる自然の樹木や岩石などを「依代」として、神霊の降臨を乞いました。それらをもとに宗教的な施設として整えられたものが神社です。

また、宗教儀礼としては、罪や穢れを落とし、清らかにする「禊」、禊のための神事である「祓」、祭祀において唱えられる言葉である「祝詞」などの要素から構成されます。

奈良時代になると、『日本書紀』や『古事記』によって、天

照 大御神などが皇室の祖先神とされることで、神道は国家的な宗教としての形態を整えてきます。そうしたなかで、神道と仏教が新たな関係を構築しはじめ、平安時代に「神仏習合」が確立しました。そこでは、八百万の神々は、実は衆生を救済するために仏や菩薩の化身として現れた存在だとする「本地垂迹」という考えが中心でした。

神道からは、こうした仏教優位の考えに対して否定的な立場をとる、伊勢神宮の「度会神道」や、京都・吉田神社の「吉田神道」などが現れました。

神仏習合は平安時代の中期から活発化し、天台宗の立場からなされた神道解釈にもとづく「山王一実神道」や、真言宗の立場にもとづく「両部神道」などがあります。

さらに江戸時代になると儒教と習合した「儒家神道」や、外来思想を排して古の姿を取り戻そうとする「復古神道」も勢力をもつようになりました。

明治維新後の新政府は、「神仏判然令」を発布し、神道優位の政策を進めました。これによって、神社は国家体制のなかに取り込まれることで「国家神道」としての性格を基盤に再構成されました。(→42頁)

その後、第二次世界大戦を経て、連合軍総司令部によって政治と宗教は分離され、神社も他の宗教と同じ宗教法人とされました。

現在、神道は「神社神道」と「教派神道」と呼ばれる系統に大別されます。前者では、全国各地約8万の神社を包括する包括宗教法人「神社本庁」が最大の教団です。また、後者では、江戸時代末期から形成され始め、明治時代に公認された13派

をもとにしたもので、教祖または教派組織者がいることに特徴があります。

新宗教

　神道・仏教・キリスト教などに対して、幕末・維新期以降に成立した新しい宗教運動・団体を総称して新宗教と呼ぶことがあります。

　幕末・維新期には黒住教、天理教、本門仏立講（現、本門仏立宗）、金光教などの教団が創立されています。幕末・維新期は近代天皇制国家の基盤が確立していくなかであったこともあり、この時期の新宗教は政府の神道国教化政策にしたがって、教派神道へ編成されていくことになります。

　大正期から昭和初期は、新宗教が大きく発展した時期です。天理教や金光教は大都市を中心に信者数を増やしました。また、ひとのみち教団（現、パーフェクトリバティー教団）、霊友会、創価学会、生長の家などの教団が創立されています。特にこの時期、勢力を拡張したのが1892年に開教された大本です。なお、霊友会は分派が多く、戦前には立正佼成会、孝道教団などが、戦後には妙智會などが分立しています。

　これらの新宗教は、戦時中、宗教団体法（1939年成立、翌年施行）などによって厳しい統制下に置かれました。それが戦後、日本国憲法の公布（1946年）によって政教分離と信教の自由が認められ、1951年には宗教法人法が公布されたのに加え、戦後の混乱期において「貧・病・争」に苦しむ人びとが多く現れたことで、特に立正佼成会と創価学会は爆発的に教勢を拡大しました。

勤式作法実演

法要儀式について

『教師規程』（平成31年宗則第2号）第2条第2項には、

教師は、仏祖に対し敬いの心が表れた確かな作法に基づく
法要儀式を執行し、門信徒及び有縁の人々に伝わる布教伝
道に努めるとともに、寺院の護持運営に協力しなければな
らない

とあります。法要儀式について、『法要儀式規程』（昭和23年宗
則第59号）第1条には、

法要とは、仏祖を礼拝供養し、経典を読誦し、仏徳を讃嘆
して、報恩の至誠を表す行事をいう

とあり、第3条には、寺院の法要について、元旦会、報恩講法
要、春季・秋季彼岸会、宗祖降誕会、盂蘭盆会、日次勤行（晨
朝・日没）、慶讃法要、追悼法要、年忌法要、継職奉告法要な
どが挙げられています。また、第4条には、

儀式とは、仏前に於いて行う、法要以外の行事をいう

とあります。法要儀式は、ご本尊である阿弥陀如来を中心とし
た場所で執行されるもので、日々の仏前の勤行はもとより、報
恩講・永代経などの法要、初参式・成人式・結婚式・帰敬式・
葬儀などの儀式があります。
　法要儀式は世俗の生活のなかにある行いです。しかし、阿弥
陀如来を中心とした場所に身を置いておつとめをするとき、そ

こは非日常の尊い空間と時間になります。法要儀式を行う者は、常に仏祖に対し敬いの心をもって、尊前を荘厳し、お参りする者が自ずと敬いの思いを持つ機縁となるよう努めなければなりません。

　浄土教の儀礼・実践を明らかにされたのは、善導大師であるといわれています。

　『法事讃』には、阿弥陀如来の本願によって、みな浄土に往生することが述べられ、自分のためにも、また他人のためにも、道場を設けようとする者は、堂舎を美しく整え、尊像を安置し、幢幡（はたぼこ）と華を供えて、衣服を整え参集した者へ教えを聴かせようとしなさいと述べられます。

　そして、焼香・散華して、阿弥陀如来と観音・勢至をはじめとする極楽の無量の聖衆の入道場を請い、さらに釈尊と十方の諸仏、菩薩の臨席を仰ぐことから儀礼が始まるとあり、法要儀式の執行について詳細に示されています。

　今日でも法要儀式には「先請伽陀（ぜんしょうかだ）」や「三奉請（さんぶじょう）」を用いますが、このような善導大師のお示しがもとになっていると考えられています。

　なお、善導大師の『往生礼讃』や『法事讃』には詳しく懺悔の法が示されています。煩悩を抱えたまま儀礼を行うものは、たえず自身の罪障を仏前で発露し、懺悔のなかでおつとめすることを示されるのです。

　このように、世俗にありながら、非日常の尊い場として行われる法要儀式は、仏祖に対する敬いの心から行われてきました。こうした浄土教の儀礼が執行されることによって、在世の民衆の心に阿弥陀如来への敬いの思いを育んできたのです。

　次の項目は、教師教修を受けるにあたって最低限必要な内容です。得度習礼で習得した内容（→A、118頁〜）と合わせて、何度も繰り返し練習を行い習得しましょう。

作　法

①登礼盤作法

　『浄土真宗本願寺派　法式規範』（以下『法式規範』という。）一般作法の「十一　登礼盤・降礼盤」（11 〜 16頁）についてよく読み、何度も練習して正しい作法を習得しましょう。

②華籠の扱い

　『法式規範』執持法の「二　華籠」（27 〜 29頁）、一般作法の「十四　散華」（19頁）についてよく読み、何度も練習して正しい作法を習得しましょう。

声　明

①頌讃（「如来興世」）

　『浄土真宗本願寺派　勤式集』（以下『勤式集』という。）上巻の「頌讃」（124・125頁）を正しく読誦できるよう練習しましょう。

②先請伽陀

　『勤式集』上巻の「先請伽陀」（176 〜 179頁）を正しく読誦できるよう練習しましょう。

御伝鈔

　特に、上巻第一段、下巻第六段・第七段は教師教修中に拝読しますので、正しく拝読できるよう練習しましょう。

　作法については、『法式規範』読物作法の「三　御伝記（御伝鈔）の拝読」を参照しましょう。

　なお、「正信偈和讃（草譜・行譜）」・「御文章（聖人一流章・末代無智章・信心獲得章・白骨章）」については、教師教修中何度もおつとめいたしますので、必ず復習しておきましょう。

　おつとめについては、一人で練習するだけでなく、住職、先輩僧侶に手本を示してもらいながら指導を受け、習得できるまで何度も練習する必要があります。

　また、

　　・勤式指導所ホームページ
　　　http://gonshiki.hongwanji.or.jp

　　・本願寺教師教修所（企画・製作）のＣＤ
　　　「浄土真宗本願寺派勤行集―教師教修用―」
　　　　　　　　　　　　　　　　　（本願寺出版社）

などを参考にしてください。

法話実演

聞法とは

　浄土真宗は聞法の宗教であるといわれています。なぜなら親鸞聖人が「真実の教」と示された『仏説無量寿経』の本願成就文に、「あらゆる衆生、その名号を聞きて信心歓喜せんこと、乃至一念せん」（→註、41頁）とあり、「聞」による一切衆生の救済が説き明かされているからです。「その名号」とは、第十七願に誓われた諸仏が讃嘆される南無阿弥陀仏のことです。この「聞」について、『教行信証』「信文類」には、

　　しかるに『経』（大経・下）に「聞」といふは、衆生、仏願の生起本末を聞きて疑心あることなし、これを聞といふなり。「信心」といふは、すなはち本願力回向の信心なり

（→註、251頁）

と示されました。「衆生、仏願の生起本末を聞きて」とは、本願がなぜ起こされ（生起）、そして如何にして衆生救済の法が完成されたのか（本末）ということです。仏のみ名を聞くことは、南無阿弥陀仏にこめられた仏の願心を聞くことなのです。

　親鸞聖人は20年に及んだ自力修行の道では「生死出づべき道」が見いだせず、比叡山を降りて六角堂に参籠され、また、源空聖人のもとで百日間にわたる求道、聞法があったと『恵信尼消息』（→註、811頁）に記されています。

　「生死出づべき道」を解決するために聞法を重ねられた親鸞聖人のお姿から、誰も代わることが出来ない問題であることを知らされます。この問題は、一人ひとりがこの身にかけて聞法

し、明らかにしていかねばならない課題なのです。

仏徳讃嘆とは

　親鸞聖人はご本願に遇うことができたこと、浄土に往生成仏させていただくみ教えをすでに聞き得たこと、それが人生における無上のよろこびであったことを『教行信証』「総序」に

　遇ひがたくしていま遇ふことを得たり、聞きがたくしてすでに聞くことを得たり。真宗の教行証を敬信して、ことに如来の恩徳の深きことを知んぬ　　　（→註、132頁）

と述べられています。さらには「聞くところを慶び、獲るところを嘆ずるなりと」（聞法の慶びから仏の功徳を讃嘆せずにはおれません）と教えを聞き得たよろこびを表明されています。

　聞法のよろこびが、仏法を語り伝えていく原動力なのです。法話とは私が聞信した南無阿弥陀仏のご恩を報ずることであり、「仏徳讃嘆」なのです。

　なお、宗門では『布教規程』（平成24年宗則第7号）を定めています。その第2条には「布教とは、宗制に基づく浄土真宗の教義をひろめるため、口演その他の方法で行う伝道活動をいう」とあります。目的は浄土真宗の教義をひろめることで、法話は、口演による布教のことです。また、第8条には「布教は、布教使、僧侶及び教士が行う」とあり、布教は僧侶の務めであると示されています。

　第十八願には「十方衆生（一切の生きとし生けるもの）」という阿弥陀如来の救いの対象が示され、本願成就文にも「諸有衆生（あらゆる衆生）」とあります。この阿弥陀如来の願いを親鸞聖人は、

　弥陀の五劫思惟の願をよくよく案ずれば、ひとへに親鸞一人がためなりけり。さればそれほどの業をもちける身にてありけるを、たすけんとおぼしめしたちける本願のかたじけなさよ　　　　　　　　　　　　　　（→註、853頁）

と語っていたと『歎異抄』に記されています。このことから阿弥陀如来の救済のめあてを「わが身一人のため」として受けとめられていた親鸞聖人の姿勢がうかがえます。
　また一方で、『唯信鈔文意』には、

　いし・かはら・つぶてのごとくなるわれらなり
　　　　　　　　　　　　　　　　　　　　　　（→註、708頁）

と述べられ、『尊号真像銘文』には、

　「十方衆生」といふは、十方のよろづの衆生なり、すなはちわれらなり　　　　　　　　　　　　　　　　（→註、657頁）

と示され、阿弥陀如来の救いのめあてが「一人（われ）」であったと聞き受けるところに、それは同時に「一切の衆生（われら）」という世界であることにめざめていくことが述べられ

ています。

　また、『歎異抄』には、

　　親鸞は弟子一人ももたず候ふ。そのゆゑは、わがはからひ
　　にて、ひとに念仏を申させ候はばこそ、弟子にても候は
　　め。弥陀の御もよほしにあづかつて念仏申し候ふひとを、
　　わが弟子と申すこと、きはめたる荒涼のことなり

　　　　　　　　　　　　　　　　　　　　　　　（→註、835頁）

とあります。自分が人に念仏申させるのであれば、その人は私
の弟子ともいえるでしょうが、阿弥陀如来の「御もよほし（は
たらき）」によって念仏申すひとをわが弟子と申すことはとん
でもないことであると親鸞聖人は仰せでありました。

　本来教化は、仏のみがなしうることであり、私たち凡夫がな
しうるものではないというのが親鸞聖人の基本的な立場なので
す。

　　弟子とは釈迦・諸仏の弟子なり、金剛心の行人なり。こ
　　の信行によりてかならず大涅槃を超証すべきがゆゑに、
　　真の仏弟子といふ　　　　　　　（→註、256〜257頁）

と示されています。

　法話にも、人の上に立って教え導くという縦の師弟関係はあ
りません。どこまでも同じ阿弥陀如来のご本願に生きる「真の
仏弟子」として、阿弥陀如来を仰ぐなかに、そのおこころを共
によろこぶ立場なのです。

　本願寺第８代宗主蓮如上人は「教化するひと、まづ信心をよく決定して、そのうへにて聖教をよみかたらば、きくひとも信をとるべし」（『蓮如上人御一代記聞書』→註、1236頁）と語られ、教化（法話）はまずわが身の信心決定のうえからなされるべきであると示されます。

　さらに、自分が信心も定まっていないのに人に信をいただきなさいと勧めるのは自分が何もものを持っていないのに人にものを与えようとするようなものであり、人は承知するはずがない。そして、「自信教人信」（→Ａ、106頁）と聖典にあるのは、まず自分自身の信心を決定して、その上で他の人にも信心を勧めることが仏恩報謝になるのである。それが仏の大悲を伝えて普く化益するということなのであると『蓮如上人御一代記聞書』に示されています。（→註、1261頁）

　従来、布教伝道は「自信教人信」に尽きるといわれるのは、中興の祖と呼ばれ、希代の伝道者と讃えられる蓮如上人が、この言葉に布教伝道の根本精神を見られたからです。親鸞聖人と同様に、ひとえに他力の信心を人びとに勧めることに蓮如上人の布教伝道がありました。

　「自信教人信」は、善導大師の『往生礼讃』に出てくるご文です。（→註七、676頁）得度式中においてご門主が「誦偈」として「自信教人信　難中転更難　大悲伝普化　真成報仏恩」のご文を仰せになられるように、大切なご文です。親鸞聖人は『教行信証』に二カ所引用されています。「信文類」真仏弟子釈（→註、261頁）と、「化身土文類」真門釈（→註、411頁）です。その「信文類」には、

仏世はなはだ値ひがたし。人、信慧あること難し。たまたま希有の法を聞くこと、これまたもつとも難しとす。みづから信じ、人を教へて信ぜしむること、難きがなかにうたたまた難し。大悲弘くあまねく化する、まことに仏恩を報ずるになる　　　　　　　　　（→註、260〜261頁）

とあります。ここには、

　　仏陀が出現する世に生まれることのむずかしさ
　　信心の智慧を得ることのむずかしさ
　　尊い法を聞くことのむずかしさ
　　人びとを教え信ぜしめていくことのむずかしさ

という四つの「難」が示されています。親鸞聖人は善導大師の文意を受けながら、念仏者にとって「教えをひろめる難しさ」を克服し可能にするのが、「大悲」のはたらきに他ならないとの見方をされ、如来大悲による教化を讃嘆されているのです。

　伝道とは私たち人間の側ではなく、あくまでも阿弥陀如来の教化によるところにあります。私たちはこの「大悲による教化」を根底に据えながら、念仏を称えつつご恩を報ずる道を歩ませていただくのです。

　「自信（みづから信じ）」と「教人信（人を教へて信ぜしむる）」は一体のものです。聞法のよろこびはそのまま法話へとあらわれます。自らが語る法話を聞くのもまた私です。法話によって、仏の大悲を学ぶ営みが起こり、さらに深められていくのです。

memo

(1) 伝わる伝道

　あらゆる人びとに、浄土真宗の教えを正しく、わかりやすく、ありがたく伝えることが伝道の基本です。

　法義そのものは時代を超えるものですが、時代の状況や人びとの意識に応じた伝道の方法は常に工夫されるべきです。教理や教学の専門用語をそのまま伝える伝道から、それらの用語を誰にでもわかりやすい言葉にして、これまで縁のなかった方々へも「伝わる伝道」を心掛けなければなりません。

　伝道活動の現場では、親鸞聖人の時代から、浄土真宗の教えをわかりやすく、より親しみをもって聴聞ができるよう、これまでも工夫や配慮がされてきました。その長い歴史のなかで、基本的な法話の構成について整理がされてきました。

　次の「法話の構成」はその一例として挙げています。もちろん、法座・年忌法要・通夜など、それぞれの場面によって法話の内容や構成の組み方に変化が必要です。そのためにも、基礎となる基本的な法話の構成を確認しておきましょう。

(2) 法話の構成

　法話を構成する要素はさまざまに表現されていますが、整理すると次の図のようになります。

```
①讃　題 ─┬─ [ 導　入 ] ── 起
②序　説 ─┘

③本　説 ─┬─ [ 法 義 説 ] ── 承
         └─ [ 譬喩・因縁 ] ── 転

④結　勧 ─── [ 合　法 ] ── 結
```

①讃題（法話の中心）

　法話は、聖教の言葉を通して、仏徳を讃嘆し、そのおこころが、より多くの人びとに伝わっていくことをめざして行います。ですから、法話の主題となる言葉を聖教から選び、讃嘆するのです。この選んだ言葉を「讃題」といいます。

　なお、讃題によって法話の内容が必然的に決まってくるともいえます。「何を伝えたいのか」という話の中心点（要）、「法話全体のテーマ」を明確にすることが大切です。

> 〈テーマの例〉
> 「仏さまに願われている私」（他力本願）
> 「仏さまに見られている私の姿」（悪人正機）
> 「仏さまに導かれる私の人生の歩み」（往生浄土）

②序説

　讃題に続く法話の導入部分です。法縁の意義の説明、テーマ設定の意図を紹介します。問いかけや問題提起にあたります。

　本説に導入し、結論を明らかに伝えるためには、初めに「この度の法話は何をテーマにしているか」を明らかにします。聞く側との接点となる、身近な話題や事柄を用います。

③本説

　法義説では、讃題に関連する言葉をあげて、讃題の文意を説明しながら、そのこころを明らかに示します。

　譬喩・因縁では、讃題の内容をさまざまな角度・方向から深

めていくために、わかりやすく親しみやすい話、例話、体験談などを用います。

④結勧

法話の結びです。「合法(がっぽう)」ともいわれます。本説で展開してきた内容から、讃題にもどり、本説で用いた譬喩・因縁との関連を明確にします。あらためて仏徳を讃嘆して、救いの法の尊さを語ります。この法話を聴聞して、ゆたかな念仏生活につながるように勧めて、話を締めくくります。

(3) 法話の表現

法話原稿を作成したら実際に声を出して読んでみます。あらたに疑問点や話しにくい箇所、不備な点などを発見するためです。何度も繰り返し読み返すうちに、原稿は整っていきます。

釈尊は理論と譬喩を巧みに使用され、言葉を超えたさとりの世界を伝え、人びとを導かれました。(→A、6頁・15頁)

私たちも言葉を使って法を伝達していく以上、たえず相手によく適応する言葉を選んで語るよう心がけたいものです。

また、言葉表現から相手の心を傷つけることがないよう配慮しなければなりません。特に、他人を見下すような態度、差別的な言動は許されません。

しかしこうした態度や言動を無意識にしてしまっているのが私たちです。だからこそ、日頃から正しい知識を身につける努力を怠らないこと、他人への思いやりの心を持ち続けることが大切です。さらには、不快感を与える表現にも細心の注意をはらうことが求められます。

　初期の経典の『ウダーナヴァルガ』には、釈尊は「自分を苦しめないように、また他人を害しないように語りなさい」と教示されたと説かれています。

　言葉は心とつながっています。相手と心を充分に通わせ、仏の心を正しく伝えていくためには、まず私自身が仏の智慧・慈悲によって豊かな心を育むよう聞法につとめなければなりません。

　私たちは法を語る以前に自らが聞法者であるという宗祖の基本姿勢に常に立ちもどり、自らの言動を正す厳しさと謙虚さとを保ちたいものです。

　仏教書を読み聖教を拝読して、深い仏さまのおこころをよく受け止めて、より専門的な知識の習得につとめるとともに、学習を怠ることなく視野をひろげることが必要です。

〔付録〕法話原稿作成シート〈5分間用〉

　初めて法話を作成する際に、基本を学ぶための参考として使用してください。「讃題・序説・本説・結勧」の構成はあくまでも一例です。

◇法話を作成する前に

　いつ・どこで・だれにといった場面を考えて法話を作成することが必要です。特に、「だれに」にあたる対象は、法話の内容を考える時に重要な要素です。また、どのような内容が求められているのかをよく考えてテーマを設定し、より伝わりやすい表現や内容を工夫します。

▽「法話全体のテーマ」を考える

　これまでに聞いてきた浄土真宗の教えのなかで、あなた自身が「伝えようとする内容（法義）」は何かを考えてみましょう。法話全体を貫く「法話全体のテーマ」となります。なお、教師教修では『拝読 浄土真宗のみ教え（改訂版 布教読本）』の「聖典のことば」（16題）の中から讃題を引用します。テーマを考える時の参考にしましょう。

◇法話を作成する

▽讃題
※法話の主題となる言葉をお聖教から選びます。

▽序説 〈簡単に〉
※導入。自己紹介、この法縁の意義や、法話のテーマを説明します。

▽本説

○法義説 〈およそ１分半：370文字〜 450文字程度〉

　※讃題に関連する言葉をあげて讃題の文意を説明しながら、そのおここ
　　ろを明らかにします。

```



```

○譬喩・因縁 〈およそ１分半：370文字〜 450文字程度〉

　※讃題の内容をさまざまな角度・方向から深めていくために、わかりや
　　すく親しみやすい話、例話、体験談などを用います。

```



```

▽結勧 〈１分以内：250文字〜 300文字程度〉

　※法話の結び。讃題にもどり、本説で用いた譬喩・因縁との関連を明確
　　にし、仏徳を讃嘆して、救いの法の尊さを語ります。そして、共に豊
　　かな念仏生活につながるように勧めて話をしめくくります。

```



```

　※文字数については目安として、１分間を250文字〜 300文字で計算し
　　ました。話す速度は人によって異なりますので、繰返し声に出して文
　　字数を調整しましょう。

　※なお、教師教修では10分間の「法話実演」を行います。

参考文献

『浄土真宗辞典』　浄土真宗本願寺派総合研究所編　本願寺出版社

『浄土真宗本願寺派　「宗制」解説』　新「宗制」解説書作成委員会・法制部編　本願寺出版社

『増補改訂　本願寺史』(第一巻・第二巻・第三巻)　本願寺史料研究所編　本願寺出版社

『「浄土真宗本願寺派　葬儀規範」解説－浄土真宗の葬送儀礼－』　本願寺仏教音楽・儀礼研究所編　本願寺出版社

『真宗の教義と安心』　僧侶養成部編　本願寺出版社

『釈尊の教えとその展開－インド篇－』　勧学寮編　本願寺出版社

『釈尊の教えとその展開－中国・日本篇－』　勧学寮編　本願寺出版社

『浄土三部経と七祖の教え』　勧学寮編　本願寺出版社

『親鸞聖人の教え』　勧学寮編　本願寺出版社

『新編 安心論題綱要』　勧学寮編　本願寺出版社

浄土真宗本願寺派 僧侶教本B

2021年 3 月31日　第一刷発行
2023年12月20日　第三刷発行

編　集　　浄土真宗本願寺派僧侶養成部
　　　　　浄土真宗本願寺派総合研究所

発　行　　本願寺出版社
　　　　　〒600-8501 京都市下京区堀川通花屋町下ル
　　　　　　　　　　浄土真宗本願寺派（西本願寺）
　　　　　電話 075-371-4171　FAX 075-341-7753

印　刷　　株式会社 図書印刷同朋舎